다투지 않고
좋은 친구 만드는
다정한 대화법

등장인물 소개

즐거운 학교생활을 위한 초1 말하기 연습

다투지 않고 좋은 친구 만드는 다정한 대화법

글 초등샘Z 그림 근홍

물주는아이

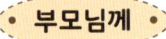 부모님께

초등학교 1학년 우리 아이, 어떻게 말해야 할까?

1학년 아이들을 가르친 지 10년 정도 되었습니다. 20년이 넘는 교직 생활의 절반 정도를 1학년 아이들과 함께하며 아이들이 교실에서 무엇을 배우고, 어떻게 성장하는지 그 누구보다 가장 가까이에서 지켜보았어요.

아이들은 서로 함께 어울리며 이야기를 나누고 놀이를 하며 자랍니다. 초등학교에 입학한 아이들은 처음 마주하는 낯선 환경에서 어떻게든 적응하기 위해 애쓰며 성장하지요. 각각 다른 환경에서 성장한 친구들은 각자의 개성과 빛깔이 있습니다. 내가 매우 중요하게 생각했던 것이 친구에게는 아무것도 아닐 수 있다는 사실에 매우 놀라기도 하고, 친해지고 싶은 친구가 있지만 어떻게 친해져야 할지 몰라 속상해할 때도 있어요. 또 친구와 다툼이 생겼을 때 내 속상함이 너무나 크게 느껴져 친구의 마음을 살피지 못할 때도 많지요.

교실이라는 작은 사회에서 아이들은 이토록 다양한 감정의 부딪침을 겪으며 나름의 사회생활을 해 나갑니다. 그 과정에서 부딪히고 깨지며 조금씩 성장하는 게 아이들이 커 가는 가장 자연스러운 흐름입니다.

　기본적으로 아이들은 친구와 사이좋게 지내고 싶어 합니다. 하지만 친구에게 내 마음을 제대로 전달하지 못하고 그로 인해 내 뜻대로 흘러가지 않는 복잡한 상황을 자주 겪습니다. 많은 아이들이 이 상황에서 좌절하거나 상처를 받지요.

　사실 교실에서 마주하는 여러 문제 상황은 대부분 대화를 통해 잘 해결할 수 있는 것들입니다. 그러나 요즘은 과거에 비하여 또래와 어울릴 기회가 현저히 적습니다. 그렇기 때문에 서로 대화를 연습할 수 있는 충분한 기회를 얻기 어렵습니다. 또한 친구들과 함께 놀 수 있는 시간도, 함께 어울리며 다양한 가치를 탐구하는 기회도 절대적으로 부족해졌습니다.

　이러한 상황에서 '어떻게 하면 아이들이 친구, 선생님, 그리고 학교에서 만나는 모든 사람과 좋은 관계를 맺게 하고, 그 안에서 제대로 배우고 성장할 수 있게 도울 수 있을까?'를 고민하게 되었습니다.

　이 책에 담은 여러 상황은 우리 아이들이 학교에 입학해서 숨 쉬듯 자주 마주하는 상황입니다. 원고를 완성하고 많은 1학년 선생님께 미리 보여 드렸는데요. 교실에서 정말 자주 일어나는 상황이라며, 아이들의 음성까지 지원되는 기분이라고 하시더라고요. (하하) 그만큼 1학년 아이들이 실제로 자주 접하는 문제, 아이들이 많이 하는 말을 생생하게 담으려 애썼습니다. 그리고 그 다양한 상황에서 아이가 스스로 대처해 나갈 방법도 함께 담았습니다.

이 책에는 제가 교실에서 아이들에게 일 년 내내 이야기하는 아주 중요한 가치들이 담겨 있습니다. 마음을 담아 반복한 이야기가 아이들의 성장에 어떤 영향을 미치는지 직접 보고 느꼈지요. 무엇보다 모든 대화의 밑바탕에는 상대방의 마음을 헤아려 보는 이해와 존중의 마음이 있어야 한다는 점을 여러 번 강조했습니다. 다른 사람과 좋은 관계를 맺으려면 '내가 이런 말을 할 때 상대가 어떻게 생각할까'를 본능적으로 짐작해 볼 수 있는 능력이 필요합니다. 이것은 남의 눈치를 보는 것이 아닌, 함께 어우러져 살아가야 하는 이 사회에서 어엿한 구성원의 역할을 해내기 위한 기초적인 사회화 기술입니다.

아이와 함께 이 책을 읽으며 다양한 상황을 상상해 보고, 대화 내용을 미리 소리 내어 읽으며 연습해 보세요. 아이와 역할극을 하듯 서로 소리 내어 읽고 "이럴 때는 어떻게 말해야 할까?", "너의 마음은 어떨까?", "친구는 어떻게 생각할까?" 등의 대화를 나누는 것도 좋습니다.

아이들은 이러한 활동을 통해 여러 상황에서 자연스럽게 말을 꺼낼 수 있는 역량을 기를 수 있습니다. 대화는 저절로 술술 되는 게 아니라 자꾸 말해 보고 익숙해져야 자연스럽게 나옵니다. 초등 저학년 교과서에 역할놀이가 자주 나오는 것도 이 때문이지요.

친구들과 놀 수 있는 시간이 충분하다면 굳이 교과서로 배우지 않아도 될 겁니다. 빠르게 변하는 이 시대를 살아가는 아이들에게는 또 그 나름의 생존법과 배움의 방식이 있을 거라고 생각하니까요. 다만 그 과정에서 이 책이 아이들의 다정한 마음을 키우고 자연스러운 인간관계를 만드는 데 도움이 되면 좋겠습니다.

읽다 보면 '아이들이 이렇게 단순한 대화를 못 한다고?'라며 의아해하실 수도 있겠습니다. 하지만 조리 있게 말하는 것은 실제로 1학년 아이들에게 꽤 어려운 일입니다. 또한 갑작스러운 상황에서 말문이 막히는 경우도 많고요. 따라서 1학년 아이들에게는 일상의 기본적인 대

화를 반복해서 가르쳐야 합니다. 이런 기본적인 것이 삶에 자연스럽게 스며들 때 아이들은 그것을 바탕으로 더 멋지게 성장할 수 있습니다.

이 책에는 다양한 상황 속 대화뿐만 아니라 '차근차근 연습해 봐요!'라는 부속 코너가 있습니다. 1학년 아이들이 원활한 학교생활을 할 수 있게 돕는 내용으로, 최대한 아이들이 이해하기 쉬운 말로 쓰려고 노력했습니다.

'뭘 이렇게까지 자세히 썼을까?' 생각하실 수도 있겠습니다. 하지만 1학년 아이들에게 이런 내용을 하나씩 다 알려 주기에는 한 반에 아이들이 너무 많고, 가르칠 내용도 다양합니다. 물론 담임 선생님께서 차근차근 가르쳐 주시겠지만, 가장 기초적인 생활 습관은 한두 번의 학교 교육으로는 완벽하게 배울 수 없지요. 기초 생활 습관은 꾸준히 연습했을 때 자연스럽게 체득되므로, 집에서부터 미리 연습하고 익혀 두면 아이도, 부모님도, 선생님도 더 행복한 시기를 보낼 수 있을 거라고 확신합니다.

마지막으로 이 책을 쓰기까지 수많은 조언과 도움을 준 많은 선생님과 친구들에게 고마운 마음을 전합니다. 글은 제가 썼지만 내용을 다듬는 건 저 혼자 할 수 있는 일이 아니었습니다. 아이들과 함께하며 풍부한 경험을 쌓아 온 훌륭한 선생님들의 다정한 마음이 오롯이 담겼기에, 이 책이 마음을 울리는 힘을 가질 수 있으리라 기대합니다. 또한 책의 완성도를 높여 준 그림 작가님과 편집자님께도 진심으로 감사드립니다.

　언제나 세상에서 가장 든든하고 다정한 응원을 해 주는 우리 가족들에게도 변함없는 사랑을 전합니다. 모두의 마음이 모여 만들어진 이 책이 아이들에게 오래도록 읽혀서 다정한 이야기가 가득한 삶을 사는 데 도움이 되길 바랍니다.

초등샘Z

차례

부모님께 ★ 초등학교 1학년 우리 아이, 어떻게 말해야 할까? · 4

1 처음 만난 친구에게 말을 걸 때 **"안녕!"** · 12
2 친구와 같이 놀고 싶을 때 **"우리 같이 놀래?"** · 16

★ 차근차근 연습해 봐요! : 가위질과 풀칠 · 20

3 속상한 친구를 위로할 때 **"괜찮아. 너무 속상해하지 마."** · 22
4 내 잘못을 사과할 때 **"정말 미안해."** · 26

★ 차근차근 연습해 봐요! : 색칠하기와 종이접기 · 30

5 친구의 잘못을 용서할 때 **"괜찮아. 다음부턴 조심해 줘."** · 32
6 다른 사람을 설득할 때 **"이렇게 하는 게 어떨까?"** · 36

★ 차근차근 연습해 봐요! : 신발 신기와 옷 입기 · 40

7 친구에게 양보할 때 **"너 먼저 해."** · 42
8 친구에게 도움이 필요할 때 **"내가 도와줄까?"** · 46

★ 차근차근 연습해 봐요! : 연필 잡기와 젓가락질 · 50

9 친구의 도움이 필요할 때 **"부탁해도 될까? 도와줘."** · 52
10 선생님의 도움이 필요할 때 **"선생님 도와주세요."** · 56

★ 차근차근 연습해 봐요! : 매듭 묶기와 빗자루질 · 60

11 거절해야 할 때 "미안하지만 안 될 것 같아." · 62

12 궁금한 게 생겨 질문할 때 "나 궁금한 게 있어." · 66

★ 차근차근 연습해 봐요! : 과일 껍질 까기와 마개 따기 · 70

13 친구의 좋은 점을 칭찬할 때 "멋지다! 너 정말 최고야!" · 72

14 친구가 나쁜 말이나 행동을 할 때 "그러지 마!" · 76

★ 차근차근 연습해 봐요! : 바닥에 흘린 것과 콧물 닦기 · 80

15 다른 사람이 내 말을 오해할 때 "그런 뜻이 아니에요." · 82

16 힘들어서 해야 할 일을 다 할 수 없을 때 "너무 힘들어요." · 86

★ 차근차근 연습해 봐요! : 용변 처리 - 작은 볼일 · 90

17 내 잘못으로 선생님께 꾸지람을 들을 때 "잘못했어요." · 92

18 허락을 구할 때 "해도 될까?", "해도 될까요?" · 96

★ 차근차근 연습해 봐요! : 용변 처리 - 큰 볼일 · 100

19 숙제나 준비물을 못 챙겼을 때 "깜빡했어요.", "못 했어요." · 102

20 학교에서 일어났던 일을 집에 가서 얘기할 때 "이런 일이 있었어요." · 106

★ 차근차근 연습해 봐요! : 정리 정돈 하기 · 110

1

처음 만난 친구에게 말을 걸 때
"안녕!"

드디어 학교에 입학했어요! 이제 나도 초등학생이에요. 낯선 교실과 낯선 친구들, 아는 사람이 하나도 없는 교실에서 왠지 어색하고 불안해요. 내 옆에 앉은 친구에게 인사를 하고 싶어요. 친구가 내 인사를 받아 줄까요?

초등샘Z의 다정한 대화법

아무도 아는 사람이 없을 때, 처음 보는 친구에게 말을 걸 때, 우리는 누구나 긴장되고 떨려요. 처음 인사를 할 때는 친구의 이름을 물어보고, 내 이름을 알려 주고, 친구와 내가 서로 알고 싶은 이야기를 꺼내면 좋지요. 내가 좋아하는 놀이나 장난감, 좋아하는 게임이나 캐릭터, 사는 곳, 다녔던 유치원 등을 이야기하며 말을 걸어 볼 수 있어요.

하지만 **내 얘기만 하는 게 아니라 친구에게도 물어보고, 나와 친구가 서로 이야기를 주고받을 수 있도록 하는 게 좋겠지요?** 친구에게 할 말이 생각나지 않는다면 '친구가 나에게 무슨 말을 해 주면 내 기분이 좋을지' 스스로 생각해 봐요. 이렇게 다른 사람이 어떻게 생각할지 먼저 생각해 보는 것은 아주 중요한 일이랍니다.

이 말은 피하자!

처음 만나는 친구의 겉모습을 보고 놀리거나 친구의 기분을 나쁘게 하는 말을 하면 어떨까요? 친구가 나에게 그런 말을 하면 나도 기분이 나쁘겠지요?

==내가 듣기 싫은 말, 내가 들으면 기분 나쁜 말은 친구에게도 하면 안 돼요.== 처음 만나는 친구에게 웃는 표정으로 다정하게 말을 건네고 서로 기분 좋아지는 이야기를 나눈다면, 나와 그 친구는 앞으로도 아주 잘 지낼 수 있을 거예요.

장난으로 한 말이라도 친구가 기분 나빠 하면 그건 장난이 아니라 친구를 말로 상처 입히는 것이랍니다. 한마디를 하더라도 ==**친구의 마음을 먼저 생각하고 말할 수 있다면 앞으로 나를 좋아하는 친구가 아주 많이 생길 거예요.**== 새로 사귀게 될 친구들과 다정한 말을 주고받으며 행복한 학교생활을 시작해 봐요.

초등샘Z의 고민 상담소

> 친구에게 먼저 인사를 할 용기가 안 나요.
> 친구가 인사를 안 받아 주면 어쩌죠?

처음 본 친구에게 말을 걸려면 용기가 필요해요. 용기가 안 나면 부끄럽고 자신 없는 마음이 들 수 있지요. 하지만 **"안녕!"이라는 말 한마디로 친구를 사귈 수 있는 게 바로 인사의 힘이에요.** 그리고 이제 막 입학한 친구들은 모두 같은 마음을 가지고 있어요. 바로 좋은 친구를 만나고 싶다는 마음이지요. 친구를 만드는 마법 같은 말 "안녕!" 두 글자를 꼭 기억하고 용기를 내 봐요.

친구와 같이 놀고 싶을 때
"우리 같이 놀래?"

선생님께서 친구들과 재미있게 놀 수 있는 놀이 시간을 주셨어요. 나도 친구들과 놀고 싶어요. 그런데 이미 친구들은 서너 명씩 모여 놀기 시작했네요. 다들 나만 빼고 노는 것 같아요. 어떻게 하면 친구들과 같이 놀 수 있을까요?

초등샘Z의 다정한 대화법

친구들과 같이 놀고 싶어도 같이 놀 수 없을 때가 있어요. 놀이를 먼저 시작한 친구들이 중간에 다른 친구가 들어오는 걸 원하지 않을 수도 있으니까요. **친구가 "이미 놀이를 시작해서 안 된다."고 말했을 때, 이 말이 '너랑 놀기 싫다'는 뜻이 아니라는 것을 안다면 덜 속상하답니다.** 나도 재미있게 놀고 있는데 누가 갑자기 끼어들면 싫은 마음이 들 때가 있지요? 처음부터 놀이를 같이 하면 제일 좋겠지만, 그렇지 못할 때는 같이 놀 수 있을 때까지 좀 더 기다리거나 다른 놀이를 하는 친구를 찾아보는 것도 좋겠어요.

같이 놀지 못한다고 해서 그 친구가 나를 싫어하는 건 아니에요. 내가 하고 싶은 걸 못 하게 되더라도 너무 속상해하지 말고 '그럴 수도 있지'라고 생각하면 마음이 편해진답니다.

이 말은 피하자!

　같이 놀고 싶었던 친구와 못 놀게 되었다는 이유로 찬솔이가 친구들의 놀이를 방해했어요. 마루는 그 자리에서 엉엉 울어 버렸고요. 두 친구의 행동에 가온이와 다솜이가 많이 당황했네요.

여러분은 어떤 친구가 좋나요? 싸우지 않고 재미있게 같이 놀 수 있는 친구를 좋아하는 건 당연한 거예요. 조금만 마음에 안 들어도 울거나, 소리치며 화내거나, 친구들의 놀이를 방해하거나, 내가 하고 싶은 대로 함부로 행동하는 친구를 좋아할 사람은 없어요. **좋은 친구를 만나려면 내가 먼저 좋은 친구가 되어야 합니다.**

친구들이랑 놀다 보면 속상한 일도 가끔 생길 수 있어요. 그때 울거나 화내기보다는 이야기를 나누고 친구의 마음을 생각해 보는 연습이 필요해요.

초등샘Z의 고민 상담소

같이 놀자고 했는데 친구가 싫다고 거절하면 어쩌죠? 너무 속상할 것 같아요.

"너랑 놀기 싫어!"라고 말하는 친구는 '나와 맞지 않는 친구'라고 생각하세요. 모든 아이들과 친하게 지낼 수는 없어요. 우리는 모두 성격이 달라요. 그중에는 나와 잘 어울리는 성격을 가진 친구도 있고, 그렇지 않은 친구도 있지요. **친절한 말을 할 줄 아는 친구는 "너랑 놀기 싫어!"라고 말하지 않아요.** 그런 말을 하는 친구는 나와 어울리는 친구가 아니니 상처받지 말고 다른 친구를 찾아봐요. 분명 우리 반에는 내 마음을 잘 알아주는, 나와 재미있게 같이 놀 수 있는 멋진 친구가 있을 거예요.

차근차근 연습해 봐요!
가위질과 풀칠

가위질

　유치원에 다닐 때는 안전 가위를 썼지요? 초등학생이 되면 안전 가위가 아닌, 초등학생용 문구 가위를 쓰는 게 좋아요. 그래야 복잡한 모양도 잘 자를 수 있어요. 너무 크고 날카로운 가위는 내 손에 잘 맞지 않아 가위질을 잘할 수 없어요. 가위질을 잘할 수 있도록 내 손 크기에 잘 맞고, 잘 잘리는 가위를 준비해요.

　처음에는 선을 따라 오리는 게 어려울 수 있어요. 처음부터 가위질을 잘할 수는 없답니다. 하지만 포기하지 않고 차근차근 연습하면 어느 순간 멋진 모양을 뚝딱 오릴 수 있어요.

　커다란 종이에 오려야 할 모양이 많을 때는 어떻게 자르는 게 좋을까요? 모양의 주변을 둥그스름하게 대충 잘라 여러 조각으로 나눈 다음, 한 조각씩 손에 잡고 선을 따라 오려 봐요. 그러면 훨씬 쉽게 오릴 수 있답니다.

Tip!
가위질을 할 때
손이 너무 아프면
이렇게 말해 봐요.

> 엄마, 이 가위는 사용할 때 손이 너무 아파요. 다른 가위로 바꿔 주세요.

풀칠

풀칠을 할 때 가장 중요한 것은 붙였을 때 테두리가 너덜너덜해지지 않게 풀칠하는 거예요. 풀칠해야 하는 모양의 테두리를 따라 조심스럽게 풀을 칠하고, 가운데를 색칠하듯 꼼꼼히 채워 풀칠을 해 봐요.

간단히 붙여야 하는 종이라면 테두리를 따라 풀을 칠한 뒤 가운데에 X 자 모양으로 풀을 칠해 붙여도 좋아요. 연습해 보면 금방 잘할 수 있어요.

책상이나 바닥에 풀이 묻는 게 싫다면 못 쓰는 종이를 받쳐 놓고 풀을 칠해 봐요. 그러면 훨씬 깔끔하게 풀칠을 할 수 있어요.

풀을 살 때는 너무 큰 것을 사지 말아요. 풀이 좀 작아야 작은 면도 꼼꼼히, 쉽게 칠할 수 있거든요. 몇몇 친구들은 풀 뚜껑을 자주 잃어버리기도 하는데, 큰 풀을 사면 뚜껑을 잃어버렸을 때 남아 있는 풀을 쓰지 못하고 아깝게 버려야 할 수도 있어요. 그러니 작은 풀을 사서 다 쓰면 새것으로 바꿔서 써요.

> 선생님, 풀칠을 해서 손이 끈적거려요. 손 씻고 와도 돼요?

Tip!
풀칠을 다 한 뒤 손에 풀이 많이 묻었다면 이렇게 말해 봐요.

3

속상한 친구를 위로할 때
"괜찮아. 너무 속상해하지 마."

친구가 쉬는 시간 내내 블록으로 열심히 로봇을 만들었어요. 그런데 로봇을 세우다가 쓰러뜨려서 그만 부서져 버렸어요. 친구가 너무 슬퍼하네요. 이럴 때 어떻게 위로해 주면 좋을까요?

초등샘Z의 다정한 대화법

여러분은 속상한 일이 생겼을 때 어떤 말을 듣고 싶나요? 내 뜻대로 일이 잘 안 풀릴 때, 실수로 물건을 망가뜨리거나 애써서 하던 일인데 좋은 결과를 얻지 못했을 때 우리는 화가 나고 슬프지요. 그럴 때 친구나 선생님이 "괜찮아, 너무 속상해하지 마."라고 위로해 준다면 슬프고 화나는 마음이 가라앉아요. 친구가 속상해할 때 친구의 마음을 어루만져 줄 수 있는 마법 같은 말이지요.

"나도 그런 적 있어. 나도 그때 속상했는데 괜찮아졌어."라고 내 경험을 이야기해 주는 것도 좋아요. '나만 이렇게 속상한 일을 겪은 것은 아니구나'라는 생각이 들면 마음이 좀 더 편해지거든요.

"내가 도와줄게."라고 말하며 친구를 도와주고 싶다는 마음을 전하는 것도 아주 좋은 방법이랍니다.

이 말은 피하자!

　나에게 속상한 일이 생겼을 때 친구가 웃으면서 나를 놀리거나 더 속상할 만한 이야기를 한다면 얼마나 마음이 아플까요? 친구에게 일어난 일은 언젠가 나에게도 일어날 수 있는 일이에요.

항상 잊지 말고 기억해야 할 것은 **내가 듣고 싶은 말을 친구에게 해 주려 노력해야 하고, 내가 듣기 싫은 말은 친구에게도 하면 안 된다는 거예요.** 친구를 놀리고 무시하면 그 친구는 상처를 받을 거예요. 더 나아가 큰 다툼으로 이어질 수도 있지요. 친구의 마음을 불안하게 하고 상처를 주는 사람은 좋은 친구가 될 수 없어요.

무슨 말로 친구를 위로해야 할지 모르겠다고요? 그럴 때는 아무 말 없이 친구의 등을 토닥거려 주는 것만으로도 따뜻한 마음을 전할 수 있어요.

초등샘Z의 고민 상담소

속상해하는 친구를 위로해 줬는데 친구의 기분이 나아지지 않아요.

친구의 속상한 마음을 달래 주었는데 친구가 계속 울거나 속상해하면 당연히 내 마음도 좋지 않아요. 하지만 지금 가장 속상하고 마음이 아픈 건 누구일까요? 바로 내 친구예요. 위로를 받으면 속상한 마음이 조금 나아지긴 하지만, **진짜 괜찮아지려면 스스로 아픈 마음을 털어 버리고 내가 나를 위로해야 해요.** 친구의 마음을 달래 주고 위로한 것만으로도 아주 멋진 친구입니다. 속상함을 사라지게 만드는 건 친구가 해결해야 할 문제니 너무 걱정하지 말아요.

4

내 잘못을 사과할 때
"정말 미안해."

친구와 신나게 놀다가 실수로 지나가던 친구를 세게 쳤어요. 친구가 아파서 울어요. 일부러 그런 건 아닌데 친구를 다치게 했어요. 어떻게 하면 친구에게 내 미안한 마음을 전하고 사과를 잘할 수 있을까요?

초등샘Z의 다정한 대화법

친구에게 실수나 잘못을 해서 사과해야 한다면 **망설이지 말고 빠르게 사과를 해요.** 일부러 그런 게 아니라고 설명을 했더라도 사과는 꼭 해야 해요. 사람은 누구나 실수를 하지만, 그 실수를 잘 마무리하려면 **마음에서 우러나오는 사과**가 필요해요. 미안하다는 말에 마음을 담아 여러 번 반복해서 말하고, 내가 미안해하는 마음이 친구에게 전해지도록 최선을 다하는 게 중요해요. 실수였지만 내가 잘못했기 때문에 친구에게 진심으로 미안하다고 말해야 하는 것이지요.

제일 좋은 사과는 내 잘못을 빠르게 인정하고 마음을 담아 미안하다고 말한 뒤, 다음부터는 조심하겠다고 약속하는 거예요. 친구에게 미안한 마음을 가득 담아 하는 사과는 속상한 친구의 마음을 잘 풀어 줄 거예요.

이 말은 피하자!

　내 잘못을 인정하지 않고, 내가 잘못한 게 아니라고 우기고, 친구의 옛날 실수 이야기를 꺼내며 "너도 그랬잖아." 하며 친구에게 뭐라고 하는 건 비겁한 행동이에요. 또 대충 미안하다고 말한 다음 "미안하다고 했으니까 됐지?"라고 하면 안 돼요.

사과는 친구의 마음이 풀릴 때까지 충분하게 해야 진짜 사과입니다. 친구에게 미안하다고 진심으로 말하면 친구의 속상한 마음은 금방 풀어져요. 하지만 내 실수나 잘못을 인정하지 않고 미안하다고 말하지 않는다면 친구의 화나고 속상한 마음은 점점 커질 거예요.

미안하다고 말할 줄 아는 사람은 용기 있는 사람이에요. 친구의 마음을 알아주는 멋진 사람이기도 하고요. 그러니 미안하다는 말을 아끼지 말아요. 좋은 친구는 미안하다고 말할 줄 아는 친구니까요.

초등샘Z의 고민 상담소

친구가 제 사과를 받아 주지 않고 계속 화를 내요. 어떻게 해야 할지 모르겠어요.

내가 정말 최선을 다해 사과를 했는데도 친구가 계속 화를 낸다면 사과하는 내 마음도 좋지 않을 거예요. 이럴 때는 선생님께 도움을 청해 봐요.
"선생님, 제가 이런 잘못을 해서 친구에게 사과를 했는데 친구가 마음이 안 풀리나 봐요. 어떡해요? 도와주세요."
그러면 선생님께서 친구의 마음을 달래고 다시 사과할 수 있는 기회를 만들어 주실 거예요. **그래도 친구가 화나 있다면, 그건 시간이 좀 필요하니 잠시 기다려 줘요.** 친구도 화를 계속 내고 있을 수는 없을 거예요. **최선을 다했다면 나머지 기다려 봐도 된답니다.**

차근차근 연습해 봐요!

색칠하기와 종이접기

색칠하기

초등학교에 들어가면 색칠을 해야 할 때가 정말 많아요. 색칠을 예쁘게, 꼼꼼히 하는 것도 아주 중요한 공부예요. 그러니 색칠을 잘할 수 있도록 미리 연습해 봐요. 처음부터 잘할 수는 없지만, 차근차근 연습하면 학교에서 더 잘할 수 있어요. 공부는 학교에서만 하는 게 아니라 집에서도 하는 것이니 미리 연습해 보면 더 쉽게 할 수 있답니다.

먼저 칠하려는 모양의 테두리를 조심스럽게 칠한 다음, 그 안을 채우듯이 색칠하면 색이 삐져나오지 않게 깔끔히 칠할 수 있어요. 가운데부터 칠하다 보면 모양 바깥으로 색깔이 빠져나가는 경우가 많아요. 대충 칠하면 선생님께서 다시 칠하라고 하실 수도 있어요. 그러니 처음부터 꼼꼼히 칠하는 게 좋겠지요?

Tip!
정해진 시간 안에 색칠을 다 못 했다면 이렇게 말해 봐요.

종이접기

유치원이나 어린이집에서 종이접기를 많이 해 봤지요? 1학년 수업에서도 종이접기를 자주 해요. 간단한 방법으로 동물이나 꽃 등을 접어서 꾸미지요.

종이접기를 할 때 가장 중요한 것은 색종이의 모서리를 잘 맞춰 반듯하게 접는 거예요. 그리고 접은 부분을 손톱으로 꾹꾹 눌러 손톱 다림질을 해요. 손톱으로 다림질을 하듯 누르며 밀면 접은 자국이 정확하게 보여서 더 잘 접을 수 있답니다. 사각 접기(네모), 삼각 접기(세모)를 가장 많이 접고, 대문 모양 접기나 방석 모양 접기도 자주 해요. 종이접기 책이나 영상을 보며 배우는 것도 좋은 방법이에요.

종이접기를 많이 하면 손가락 근육이 튼튼해지고 머리도 똑똑해진답니다. 여러분이 좋아하는 모양을 알록달록한 예쁜 종이로 척척 접을 수 있다면 정말 뿌듯할 거예요.

> 선생님, 모서리 맞추기가 어려워요. 연습하는 거 도와주세요.

Tip!
모서리를 맞춰 접는 게 어렵다면
이렇게 말해 봐요.

5

친구의 잘못을 용서할 때

"괜찮아. 다음부턴 조심해 줘."

앞에서 우리는 친구에게 잘못했을 때 어떻게 미안하다고 말하는지에 대해 배웠어요. 이번에는 반대로 친구가 나에게 잘못을 했을 때, 나에게 마음을 가득 담아 미안하다고 말했을 때, 우리는 어떻게 말하면 좋을까요?

초등샘Z의 다정한 대화법

내가 실수를 했을 때 친구에게 마음을 다해 미안하다고 말하는 것도 중요하지만, 반대로 **친구가 나에게 잘못을 저질러 미안하다고 말했을 때 사과를 받고 친구를 용서해 주는 것도 정말 중요해요.** 친구의 "미안해."라는 말에 진심이 담긴 게 느껴진다면 아마 내 마음도 이미 풀리고 있을 거예요.

친구의 "미안해."라는 말에 그냥 "괜찮아."라고 대답하기보다는 친구의 잘못으로 인해 어떤 일이 일어났는지 말하고, 그 일 때문에 내 기분이 어땠는지도 알려야 해요. 그리고 '앞으로 이렇게 해 줬으면 좋겠다'고 친구에게 바라는 점도 말해야 하고요.

그러고 난 다음에 "괜찮아."라고 말한다면, 여러분은 친구의 사과를 잘 받아들여 용서하는 멋진 친구가 될 수 있어요.

이 말은 피하자!

친구가 미안하다며 사과를 하는데 받아 주지 않고 계속 화를 내면 어떻게 될까요? 또 친구의 잘못을 그대로 돌려주겠다고 우기면요? 아마 대화가 통하지 않을 거예요. 또 친구 사이도 나빠지겠지요.

살다 보면 내 잘못 때문에 미안하다고 말해야 할 때도 있고, 친구의 미안하다는 말을 받아 주며 용서해야 할 때도 있어요. <mark>내가 항상 옳고 친구가 항상 잘못했다고 생각하면서 살면 안 돼요.</mark>

친구가 마음을 다해 사과했을 때 그 마음을 무시하고 무조건 화를 내고 짜증을 부리면 친구는 오히려 미안한 마음이 사라지고 결국 친구를 잃게 될 수도 있다는 점, 꼭 기억해요.

초등샘Z의 고민 상담소

> 말로는 친구에게 괜찮다고 했지만, 저는 여전히 속상하고 화가 나요.

그럴 수 있어요. 친구의 사과를 받아 주지 않으면 친구의 마음이 좋지 않을 것 같아서 괜찮다고 말했군요? 마음이 참 따뜻하네요. 그런 다정한 마음을 가지고 있기에 좋은 친구가 될 수 있는 거예요.

속상한 마음이 풀리는 데는 시간이 필요해요. 친구가 진심으로 사과했더라도 그걸로 내 마음이 금방 괜찮아지진 않아요. 너무나 당연한 일이에요. 하지만 걱정하지 말아요. **시간이 지나면 친구 때문에 화나고 속상했던 마음도 조금씩 사라질 거예요.** 나중에 친구랑 이야기를 나눠 보고 같이 놀면 더 빨리 괜찮아질 수 있답니다.

6

다른 사람을 설득할 때
"이렇게 하는 게 어떨까?"

친구들이 함께 그림을 그리게 되었어요. 선생님께서 친구들과 이야기를 나누고 무엇을 그릴지 정하라고 하셨지요. 그런데 친구들마다 그리고 싶은 게 다 달라요. 어떻게 하면 친구들과 이야기를 잘 나누고 멋진 그림을 같이 그릴 수 있을까요?

신나는 놀이공원 그리자!

동물원은 어때? 난 동물이 좋단 말이야.

둘 다 좋은 생각인 거 같아. 둘 중에 무엇을 그리지?

놀이공원이랑 동물원을 같이 그려도 좋을 것 같아!

오, 좋은 생각이야!

초등샘Z의 다정한 대화법

학교생활을 하다 보면 여러 친구의 생각을 하나로 모아야 할 때가 종종 있어요. **친구들과 서로 생각이 다를 때 제일 중요한 것은 친구의 생각을 무시하지 않고 '그것도 좋은 생각이다', '그 생각도 나쁘지 않다'라고 인정하는 거예요.** 그리고 어떻게 하면 친구들의 생각을 많이 담을 수 있을지를 고민하는 것이지요.

친구들과 함께 어떻게 하면 하나로 생각을 모을 수 있을지 방법을 찾아보는 것은 매우 좋은 공부가 됩니다. 내 의견과 친구들의 의견이 다르면 내가 원하는 방향으로 결정이 안 될 수도 있어요. 하지만 서로 마음이 상하지 않게 이야기를 나누고 생각을 모으다 보면 친구들과 더욱 가까워질 거예요.

이 말은 피하자!

　서로 의견을 주고받을 때는 자신의 생각을 잘 전달하고, 친구의 생각도 잘 받아들일 수 있어야 해요. 그런데 친구의 의견을 무시하거나 내 생각대로 안 된다고 삐치면 상황이 어떻게 될까요?

내 생각만 고집하거나 내 말만 맞다고 우기면 친구들과 사이가 나빠질 수 있어요. 또한 친구들이 나를 고집쟁이, 자기 생각만 하는 아이라고 생각할 수 있어요.

사람들의 생각은 모두 다를 수 있지만 생각이 다르다는 게 나쁘거나 틀린 것은 아니랍니다. 서로 다른 생각을 할 수 있다는 걸 알고 여러 가지 방법을 생각해 보면 정말 좋겠지요?

초등샘Z의 고민 상담소

끝까지 자기 생각대로 하겠다고 고집을 부리는 친구가 있어서 너무 속상하고 짜증 나요.

가끔 그런 친구가 있을 수 있어요. **우리는 모두 자라는 속도가 다르기 때문에 다른 친구의 말을 귀 기울여 듣고 친구의 생각을 받아들이는 것도 연습하며 배워야 해요.** 그 친구는 아직 그런 연습이 부족해 서투른가 봐요. 친구를 설득하기 위해 열심히 이야기를 했는데도 친구가 계속 고집을 부린다면 선생님께 도와 달라고 말해 봐요.

"선생님, 친구에게 이렇게 하면 어떻겠냐고 말하고 다른 친구들도 다 그렇게 하자고 했어요. 그런데 ○○○이 혼자서 계속 싫다며 고집을 부려요. 어떻게 하면 좋을까요?"

선생님은 항상 우리를 가르치고 도와주시는 분이니 좋은 방법을 생각해 주실 거예요.

차근차근 연습해 봐요!
신발 신기와 옷 입기

신발 신기

학교에 올 때는 운동화를 신는 게 제일 안전하고 편해요. 혼자서 운동화 끈을 묶을 수 없다면 붙였다 떼었다 할 수 있는 찍찍이가 달린 운동화를 신고 다녀요. 끈이 풀렸을 때 혼자 묶지 못하면 끈을 밟고 걸려 넘어져 크게 다칠 수 있으니까요.

학교에 오면 실내화로 갈아 신어야 해요. 그런데 신발을 갈아 신을 때 바닥에 주저앉아 한쪽씩 갈아 신는 친구들이 있어요. 서 있는 상태에서 신발을 갈아 신는 연습을 지금부터 차근차근 해 봐요. 처음에는 비틀거려서 서서 신발을 갈아 신는 게 쉽지 않겠지만 연습하면 금방 잘할 수 있어요. 또한 신발에는 왼쪽과 오른쪽이 있지요? 신발 양쪽을 바꿔 신지 않도록 어느 쪽 신발인지 헷갈리지 않게 기억하는 연습도 하면 좋아요.

선생님, 운동화 끈을 못 묶겠어요. 도와주세요. 다음번에는 꼭 묶는 연습을 해 올게요.

Tip!
풀린 끈을 묶을 수 없을 때는 이렇게 말해 봐요.

단정하게 챙겨 입기

여러분은 혼자서 옷을 잘 챙겨 입고 나갈 수 있나요? 아직 어렵다면 스스로 아침에 옷을 잘 챙겨 입고 학교에 가는 연습을 해 봐요. 단추를 채우고, 지퍼를 올리는 연습을 꼼꼼히 하면 좋아요. 친구 옷의 단추가 풀렸을 때 내가 도와줄 수도 있지요. 소맷자락이 너무 넓거나 장식이 많으면 급식을 먹을 때 불편해요. 식판에 있는 국 속에 소맷자락이 빠져 젖는 경우가 많거든요. 또한 옷에 끈이나 리본이 많으면 풀릴 때마다 신경이 쓰여서 수업 시간에 집중도 안 되지요.

벗기 불편한 옷을 입으면 화장실에서 빨리 바지를 내리지 못해 실수를 할 수도 있어요. 또한 발목까지 오는 긴치마를 입으면 화장실 바닥에 닿아 더러워질 수도 있답니다. 학교에서는 자유롭게 움직이고 실컷 뛰어노는 활동이 많으니 움직이기 편한 옷으로 입도록 해요.

Tip!
풀린 단추를
혼자 잠그기 어려울 땐
이렇게 말해 봐요.

단추를 못 잠그겠어.
도와줘, 가온아.

응! 알았어.

친구에게 양보할 때
"너 먼저 해."

선생님께서 그림을 그릴 때 짝꿍과 함께 사용하라고 크레파스를 빌려주셨어요. 열심히 그림을 그리다가 둘이 동시에 노란색 크레파스를 집으려고 손을 뻗었네요. 나도 지금 노란색이 필요한데, 친구도 필요한가 봐요. 이럴 땐 어떻게 해야 할까요?

> 너 노란색 쓸 거야?

> 응. 해바라기 칠해야 해.

> 그럼 다솜이 네가 먼저 써.

> 넌 안 써도 돼?

> 너 다 쓰고 나면, 그다음에 내가 쓸게.

초등샘Z의 다정한 대화법

'양보'란 무엇일까요? 나도 하고 싶지만 더 하고 싶어 하는 친구를 위해 먼저 하게 해 주는 것, 나 대신 친구가 했을 때 아쉽기보다는 기뻐하는 친구의 모습을 보며 내 마음도 행복할 수 있는 것이 양보예요.

누가 시켜서 하는 게 아니라 내가 스스로 친구에게 양보했을 때 우리의 마음은 더 행복해질 수 있어요. 하지만 내가 너무 하고 싶은데 '양보해야 해!'라는 생각으로 억지로 하면 안 돼요. 친구에게 양보해도 내 마음이 괴롭지 않을 때만 양보하는 게 좋아요.

혹시 양보할 수 없는 게 있다면 친구에게 차분히 부탁해 봐요. "내가 먼저 쓰고 그다음에 네가 쓰면 안 될까?" 하고 말이에요. 이때 친구가 양보해 줬다면 "고마워!"라고 말하는 것, 잊지 말아요!

이 말은 피하자!

　친구에게 양보하면서 그 대가로 엉뚱한 걸 해 달라고 요구하면 친구의 마음이 어떨까요? 또는 양보하기 싫지만 억지로 양보한다는 느낌으로 말하면 어떨까요? 이런 상황을 진짜 양보라고 할 수 있을까요?

양보는 받는 사람이나 해 주는 사람, 모두가 즐겁고 기쁜 마음으로 주고받을 때 제일 멋져요. 내가 양보했다고 해서 그 대신 무엇을 바라거나 친구가 기분 나빠 할 말투로 말하면, 양보를 받은 친구의 마음은 너무나 불편할 거예요.

양보는 쉽지 않은 일이에요. 나보다 친구를 먼저 생각하는 마음과 기다릴 줄 아는 인내심이 필요하니까요. 양보가 가능한 상황에서 친구에게 기분 좋게 양보할 줄 아는 사람은 정말 멋진 사람이에요. 양보는 시원하게 멋진 마음으로 하는 것이라는 점을 꼭 기억하도록 해요.

초등샘Z의 고민 상담소

친구에게 양보했지만, 사실 내가 먼저 하고 싶었어요. 양보하고 나서 마음이 불편해요.

사람은 누구나 욕심이 있어요. 그건 나쁜 게 아니에요. 물론 다른 사람에게 나쁜 말과 행동을 해서라도 내 욕심을 채우려고 하는 건 잘못된 거예요. 하지만 그런 게 아니라면 원하는 걸 말하고 얻는 것은 나쁜 행동이 아니랍니다. 선생님이 양보는 억지로 하는 게 아니라고 했지요? **양보하기 전에 잘 생각해 보고 친구에게 기쁘게 양보할 수 있는 것만 양보해요. 조금 후회가 되거나 아깝다는 생각이 들어도 이미 양보했다면 잊어버려요.** 이미 지난 일을 계속 생각하면 내 마음이 너무 힘드니까요.

8

친구에게 도움이 필요할 때
"내가 도와줄까?"

색종이를 오려 붙여 멋진 그림을 만드는 수업 시간. 선생님께서 시간이 다 됐으니 마무리하고 뒷정리를 하라고 말씀하셨어요. 그런데 친구는 아직 다 하지 못해서 울상이네요. 이럴 때 나는 어떻게 하면 좋을까요?

초등샘Z의 다정한 대화법

학교생활을 하다 보면 도움이 필요한 친구들을 자주 보게 돼요. 놀잇감을 정리할 때도, 만들기나 그리기를 할 때도, 종이접기를 할 때도, 교실 청소를 하거나 뒷정리를 할 때도 서툴거나 느린 친구들이 있어요. <u>그럴 때 먼저 다가가 "내가 도와줄까?"라고 말해 봐요.</u> 도움이 필요할 때 따뜻한 마음을 가진 친구가 다가와 먼저 도와주겠다고 말해 주면 얼마나 고마울까요? 혼자 하면 힘든 일이라도 같이 하면 쉬운 일이 될 수 있답니다.

내 할 일을 다 마무리하고 시간이 남는다면 주변을 돌아봐요. 그리고 내 도움이 필요한 친구가 있는지 한번 살펴봐요. 누군가를 도와주면 내 마음도 뿌듯하고 보람 있을 거예요.

이 말은 피하자!

　해야 할 일을 늦게까지 하고 있는 친구에게 느리다며 무시하면 안 돼요. 또한 그런 친구를 도와주며 잘난 척을 하거나 생색을 내서도 안 되고요. 친구를 무시하거나 생색을 내면 친구가 기분 나빠 할 거예요.

누군가를 도와줄 때는 **친절하고 따뜻한 마음으로 도와주겠다고 말해야 해요.** 친구가 부담스러워하거나 미안해하지 않도록 조심스럽게 말하는 것도 잊지 말아요.

"내가 도와줄까?", "둘이 하면 금방 할 거야.", "이렇게 하면 안 되는데! 내가 고쳐 줄게." 친구의 마음을 먼저 살펴보고 말하는 다정한 말 한마디와 함께라면 나의 도움이 더욱 빛날 거예요.

초등샘Z의 고민 상담소

친구의 색칠 공부를 도와줬는데, 색깔을 이상하게 칠했다고 투덜거려서 속상해요.

친구를 도와주고 싶다는 따뜻한 마음으로 색칠을 해 준 건데 친구가 고마워하지 않고 오히려 투덜거리면 속상하지요. 친구는 아마 마음속으로 어떤 색을 칠할지 정해 놓았을 텐데 다른 색이 칠해져서 그런 것 같아요.
누군가를 도와준다는 건 '그 사람이 원하는 도움을 주는 것'을 뜻해요. 그래서 "도와줄까?"라고 물었을 때 **친구가 도와 달라고 하면 "어떻게 도와줄까? 이건 이렇게 할까? 무엇을 먼저 도와줄까?"라고 자세히 물어봐야 해요.** 그래야 친구에게 필요한 도움을 줄 수 있거든요.
속상한 친구에게는 "미안해. 내가 물어보고 했어야 했는데, 다음부터는 조심할게."라고 말해 봐요. **도와주려는 마음을 기억하는 친구는 금방 괜찮다고 할 거예요.**

차근차근 연습해 봐요!
연필 잡기와 젓가락질

연필 잡기

연필을 바르게 잡는 것은 아주 중요한 공부예요. 연필을 바르게 잡지 않고, 내가 편한 대로 연필을 잡고 글씨를 쓰면 반듯하고 예쁜 글씨를 쓰기 어려워요. 처음부터 연필을 바르게 잡는 방법을 배우고 연습해야 또박또박 멋진 모양의 글자를 쓸 수 있답니다.

처음에는 익숙하지 않아 손가락이 아프고 글씨도 삐뚤빼뚤 쓰겠지만, 처음부터 잘못된 방법으로 연필을 잡는 습관이 들면 고치기 어려워요. 그러니 처음부터 꾸준히 연습해 보도록 해요. 연필을 바르게 잡기 어렵다면 연필 교정기를 사용하여 연습하는 것도 좋은 방법이랍니다. 초등학교 1학년 때 연필을 바르게 잡는 법을 잘 익힌다면 여러분은 앞으로 글씨를 잘 쓸 수 있을 거예요.

Tip!
친구에게 연필 쥐는 방법을 배우고 싶다면 이렇게 말해 봐요.

와, 너 글씨 잘 쓴다. 난 연필 잡는 법이 어렵던데, 좀 가르쳐 줄 수 있어?

물론이지!

젓가락질

학교에 오면 점심시간에 급식을 먹어요. 유치원 때 사용했던 어린이 젓가락 대신 어른들이 쓰는 긴 쇠젓가락을 쓰게 되지요. 젓가락질이 서툰 친구들은 선생님께 따로 이야기를 한 뒤 어린이 젓가락을 따로 챙겨서 다녀도 괜찮아요. 하지만 계속 어린이 젓가락을 쓸 수는 없겠지요? 천천히 쇠젓가락을 사용하는 연습을 해야 해요.

젓가락질을 올바르게 하는 법은 연필을 올바르게 잡은 것만큼이나 중요해요. 어른들 중에는 어릴 때 젓가락질을 제대로 익히지 못해서 잘못된 젓가락질을 하는 사람들도 많거든요. 그러니 음식을 바른 자세로 잘 집어 먹을 수 있도록 입학 전부터 쇠젓가락을 제대로 사용하는 방법을 연습해 봐요.

숟가락은 연필 잡을 때와 비슷한 모양으로 잡고, 살짝 기울여서 사용하는 연습을 해요. 숟가락을 사용할 때 막대를 움켜쥐듯 잡으면 밥을 잘 먹기 힘들거든요. 숟가락과 젓가락을 바르게 사용하는 것은 우리가 배워야 할 예의 중 하나이니 꼭 연습하도록 해요.

Tip!
아직 쇠젓가락을
사용하기 어렵다면
이렇게 말해 봐요.

친구의 도움이 필요할 때
"부탁해도 될까? 도와줘."

선생님께서 책상을 모두 뒤로 밀어 달라고 하셨어요. 그런데 너무 무거워서 내 힘으로는 밀리지가 않아요. 나 혼자 하기엔 너무 어렵고 힘든 일이네요. 친구에게 도와 달라고 하고 싶어요. 어떻게 말하면 좋을까요?

초등샘Z의 다정한 대화법

세상에는 혼자 하기엔 힘든 일이 참 많아요. 그럴 때 도와주겠다며 먼저 손을 내밀어 주는 친구들이 있답니다. 그 친구들은 나의 힘든 모습을 보고 자연스럽게 돕고 싶다는 마음이 들어서 먼저 다가와 도와준 소중한 친구들이지요.

그러나 아무 말도 하지 않고 가만히 있으면 내 어려움과 도움이 필요한 마음을 친구들이 모를 수 있어요. 그럴 때는 친구에게 먼저 도와 달라고 말해 봐요. **그리고 무엇을 어떻게 도와줬으면 좋겠는지 자세히 설명해요. 도와주겠다는 친구에게 '고맙다'는 말을 꼭 해야 하는 것도 잊지 말아요.** 그리고 나중에 친구에게 도움이 필요할 때 내가 얼른 달려가 도와주면 더욱 멋질 거예요.

이 말은 피하자!

<mark>친구가 나를 도와주는 건 당연한 일인가요? 아니지요.</mark> 친구는 나를 도와주고 싶은 좋은 마음으로, 굳이 하지 않아도 되는 일을 나서서 해 주는 거예요. 그러니 도움을 받는 상황에서는 더욱 말을 조심히 해야 해요.

친구에게 도와 달라고 말할 때는 항상 친절한 말투로 부탁해야 하고, 도움을 받으면 고마워해야 해요. 친구에게 명령하듯 말하거나 친구의 도움이 마음에 안 든다고 화내고 짜증 내는 말투로 말하면 도와주던 친구는 매우 속상할 거예요. 그럼 다음부터 내가 친구의 도움을 받을 수 있을까요? 다시는 도와주지 않겠다고 할지도 몰라요.

말을 할 때는 항상 듣는 사람의 마음이 어떨지 먼저 헤아려 봐야 해요. 친구의 도움을 당연히 생각하면 안 된답니다.

초등샘Z의 고민 상담소

친구에게 도와 달라고 했는데 안 도와줘서 서운하고 화가 나요.

그럴 수 있어요. 친하다고 생각했던 친구가 도와 달라는 내 말을 거절했을 때 당연히 서운하고 속상하지요. '나라면 도와줬을 텐데 쟤는 왜 나를 도와주지 않지?'라는 생각과 함께 화도 날 거예요. 하지만 친구의 마음을 먼저 생각해 보는 건 어떨까요? 친구는 내가 싫어서 나를 도와주지 않는 걸까요? 친구가 다른 할 일이 있었던 건 아닐까요? **도와주고 싶지만 도와줄 수 없었던 상황은 아니었는지 살펴보는 게 먼저예요. 누군가를 도와준다는 건 내가 할 수 있을 때 하는 거지 억지로 하는 게 아니지요.** 친구의 도움을 당연하게 생각하지 않는다면 덜 서운할 거예요.

10

선생님의 도움이 필요할 때
"선생님, 도와주세요."

엄마가 싸 준 물통 뚜껑이 잘 안 열려요. 목이 마른데 뚜껑이 안 열려서 물을 마실 수가 없어요. 친구들에게 도와 달라고 부탁했지만 친구들도 열지 못했어요. 이럴 땐 어떻게 하면 좋을까요?

초등샘Z의 다정한 대화법

초등학교 1학년이 되면 자기의 일은 스스로 하는 습관을 들여야 해요. 작은 일이라도 매일 스스로 해낼 수 있어야 올바른 생활 습관이 잡히고 더 나은 나로 자랄 수 있지요. 하지만 혼자서 하기엔 어려운 일도 있어요. 그럴 때는 친구들의 도움도 받고 선생님의 도움도 받을 수 있답니다.

중요한 것은, <mark>스스로 먼저 해 보려고 노력해 봤는데도 잘 안 될 때 도와 달라고 해야 한다</mark>는 점이에요. 해 보지도 않고 무조건 도와 달라고 하면 우리는 스스로 자랄 기회를 갖지 못해요.

<mark>선생님은 항상 우리를 가르치고 도와주시는 분이에요. 선생님께 노력해 봤는데 잘 안 된다고 솔직하게 말씀드리고 도와 달라고 해 봐요.</mark> 선생님은 친절하게 여러분을 도와주실 거예요.

이 말은 피하자!

　도움이 필요한 순간에 아무런 설명도 하지 않고 무조건 울거나 떼쓰면 어떨까요? 또는 소리를 지르며 화를 내면요? 도와 달라는 말도 없이 가만히 앉아서 아무것도 안 하면 어떨까요? 그렇다면 문제를 해결할 수 없을 거예요.

하는 일이 잘 안 될 때나 도움이 필요할 때는 주변 사람에게 내가 어떤 도움이 필요한지 잘 설명하고 도와 달라고 말해야 해요. ==울면서 떼를 쓰거나 잘 안 된다고 소리 지르며 화를 내면 선생님도 필요한 도움을 줄 수가 없어요.== 선생님께 말하는 게 부끄러워서 아무 말도 안 하고 가만히 있으면 그날 해야 하는 공부를 제대로 할 수 없고, 어려움을 느끼는 문제도 해결할 수가 없지요.

잊지 말아요. 잘 설명하고 예의 바르게 도와 달라고 말하면 선생님은 언제나 도와주실 준비가 되어 있다는 것을요.

초등샘Z의 고민 상담소

> 선생님께 도와 달라고 부탁드렸는데 스스로 해 보라고 하면서 안 도와주셨어요. 속상해요.

아마 선생님은 혼자서 스스로 할 수 있다고 생각하셨나 봐요. 충분히 해 보지 않고 무조건 도와 달라고 하는 아이들이 많다 보니 선생님은 항상 "스스로 다시 한번 해 보자!"라고 많이 말씀하시지요. 그건 선생님이 도와주기 싫어서가 아니라 **혼자 해 보려고 노력하는 그 순간이 진짜 중요한 공부가 된다는 걸** 알려 주고 싶어서 그러시는 거예요.

다시 한번 해 보고도 안 되면 가서 다시 도와 달라고 말해 봐요. 그러면 그때는 도와주실 거예요. 전혀 속상해하지 않아도 된답니다.

차근차근 연습해 봐요!
매듭 묶기와 빗자루질

매듭 묶기

끈 두 개를 묶어서 하나로 이어 보는 연습을 해 봐요. 1학년 수업에서 여러 가지 만들기를 할 때 끈을 묶는 활동이 나와요. 물론 선생님이 도와주실 수 있지만, 스스로 멋지게 묶어 보고 친구들이 도와 달라고 말할 때 척척 묶어 주면 정말 멋지겠지요? 끈을 묶어 매듭을 만들 수 있는 능력은 하루아침에 생기는 게 아니에요. 지금부터 집에 있는 끈이나 리본으로 매듭 묶는 연습을 차근차근해 봐요.

매듭 묶는 방법으로는 두 개의 끈을 하나로 모아 묶기, 양쪽에 하나씩 잡고 묶기 등 여러 방법이 있어요. 매듭을 잘 묶을 수 있으면 리본을 묶는 연습도 해 봐요. 리본을 잘 묶을 수 있으면 친구들이 "우아!" 하고 감탄할지도 몰라요. 또 끈으로 묶는 멋진 운동화를 신을 수도 있답니다.

Tip!
친구 옷에 달린 끈이 풀려 있다면 이렇게 말해 봐요.

빗자루질

학교에 입학하면 교실에서 많은 시간을 보내게 돼요. 교실 바닥에 쓰레기를 함부로 버리면 교실은 금방 지저분해지겠지요. 만들기를 하면 종잇조각이 많이 나오고, 새로 받은 준비물의 포장을 뜯다 보면 버려야 할 비닐도 생겨요. 지우개로 글씨를 쓱쓱 지우면 지우개 가루도 생기지요. 우리는 이런 쓰레기가 생겼을 때 어떻게 해야 할까요?

종이 쓰레기가 나오면 교실 안에 있는 종이 분리수거함에 넣어야 해요. 비닐 쓰레기가 나오면 꼭꼭 접어 크기를 작게 만들고 비닐 분리수거함이나 쓰레기통에 넣어요. 지우개 가루는 손으로 싹싹 모아서 휴지통에 버려요.

학교에서 내 자리 주변을 청소하는 것은 나의 일이에요. 이때 작은 빗자루와 쓰레받기를 사용할 때도 있는데요. 한 번도 사용해 보지 않은 친구들은 어떻게 하는지 잘 모를 수 있어요. 빗자루로 쓰레기를 쓸어 모으고, 쓰레받기에 담아 휴지통에 버리는 연습을 자주 해 봐요. 교실이 깨끗하면 우리가 더욱 즐겁게 공부할 수 있으니까요!

Tip!
휴지통이 가득 찼을 땐 이렇게 말해 봐요.

선생님, 쓰레기통이 꽉 찼어요. 이 쓰레기는 어디에 버리면 좋을까요?

거절해야 할 때
"미안하지만, 안 될 것 같아."

내가 가지고 놀던 종이로 만든 팽이를 다른 친구가 가지고 놀고 싶어 하네요. 내가 싫다고 하면 친구가 화를 낼까 걱정돼요. 하지만 나도 팽이를 가지고 놀고 싶어요. 양보하기도 싫지만 친구와 싸우기도 싫을 때 어떻게 말해야 할까요?

초등샘Z의 다정한 대화법

놀이를 하다 보면 이런 일이 종종 생겨요. 기분 좋게 양보할 수 있다면 좋겠지만, 양보하기 싫다면 **친구에게 무조건 양보할 필요는 없어요.** 그러려면 내 마음이 힘들고 슬퍼지지 않도록 **잘 거절하는 법을 배우는 것도 중요하답니다.**

거절해야 할 때 거절할 수 있는 용기도 우리가 꼭 배워야 하는 것 중 하나예요. 거절할 때는 화를 내거나 짜증 내기보다는, 왜 너의 부탁을 들어줄 수 없는지 설명하는 게 좋아요. 내 기분을 솔직히 이야기하고 친구에게 이해해 달라고 말해 봐요. 만약 거절을 하려는데 내 마음이 불편하다면 '미안하다'는 말을 사용할 수 있어요.

그래도 **친구가 계속 고집을 부린다면 선생님이나 주변 어른에게 도움을 요청하는 것도 좋은 방법이에요.** 무슨 일이 있는지 설명하고 친구와 싸움이 나지 않도록 도와 달라고 말해 봐요.

이 말은 피하자!

　친구의 부탁을 거절할 때 무조건 화를 내고 소리를 지르거나 짜증을 내면 친구의 마음이 상해서 크게 싸울 수 있어요. 또한 거절을 하며 친구를 놀리면 친구의 감정이 더욱 상할 수 있지요.

친구의 기분이 상하지 않게 거절을 잘하는 것도 아주 중요한 공부예요. 친구에게 내 사정을 잘 설명하고, 왜 내가 너의 부탁을 들어줄 수 없는지 이야기하는 연습을 해 봐요. 만약 거절을 하려는데 내 마음이 불편하다면 '미안하지만'이라고 하며 말을 시작해도 좋아요.

안 된다고 말했을 때 친구도 기분 나빠 하지 않고 "알겠어."라고 대답하면 참 좋겠지요? 거절을 하더라도 잘 거절하는 방법을 배워 봐요.

초등샘Z의 고민 상담소

"싫어.", "미안해."라고 말하고 싶은데 친구가 기분 나빠 할까 봐 걱정돼요.

어른들도 그런 생각을 많이 해요. 거절하는 건 쉽지 않은 일이에요. 하지만 친구와 사이가 멀어질까 봐 거절을 못 하고 친구가 원하는 걸 다 들어준다면 내 마음은 어떻게 될까요? 아마 계속 속상하고 슬퍼서 스스로가 미워질지도 몰라요. 거절하기 어려운 걸 자꾸 나에게 바라는 친구가 미워질 수도 있지요.

지금 당장은 나에게 거절당한 친구의 기분이 나쁠 수 있어요. 하지만 그 **친구와 오랫동안 친하게 지내려면 내 마음이 불편하지 않게 싫은 건 싫다고 말할 수 있는 용기가 필요하다는 것, 잊지 말아요!**

12

궁금한 게 생겨 질문할 때
"나 궁금한 게 있어."

나도 친구처럼 멋진 종이 팽이를 접고 싶어요. 친구가 팽이를 접을 때 나도 옆에서 따라 접어 봤지만, 어떻게 접는지 도저히 모르겠어요. 멋진 팽이를 접는 법이 궁금할 때 친구에게 어떻게 물어봐야 할까요?

너 팽이 진짜 잘 접는다!

팽이 엄청 많이 접어 봐서 금방 접을 수 있어.

정말? 이거 어떻게 접는 건지 궁금해! 나한테 알려 줄 수 있어?

알았어. 가르쳐 줄게! 잘 따라 해 봐. 우선 여길 접고……

초등샘Z의 다정한 대화법

서로 모르는 것을 대답해 주고 내가 잘하는 것을 알려 주다 보면 친구와 더 가까워질 수 있어요. **궁금한 게 있다면 친구에게 솔직하게 물어봐요.** 친구가 차근차근 대답을 잘해 주고 친절하게 알려 준다면 고맙다는 말도 잊지 말아요.

궁금한 게 많다는 건 좋은 거예요. 이 세상에 관심이 많다는 뜻이기도 하고, 궁금해야 새로운 것을 더 잘 배울 수 있으니까요. 공부를 하다가도 궁금한 게 생겼을 때 꼭 물어보는 습관을 들인다면 공부도 아주 잘할 수 있을 거예요. **모르는 건 부끄러운 게 아니지만, 모르면서도 알려고 하지 않는 건 부끄러운 거예요.** 궁금한 것을 잘 물어볼 수 있는 연습을 해 봐요. 질문은 우리의 마음을 쑥쑥 자라게 하는 힘이 있답니다.

이 말은 피하자!

친구가 궁금한 것이 생겨 나에게 도와 달라고 말하거나 부탁을 하는 상황을 떠올려 봐요. 그런데 이때 내게 다그치면서 이야기하거나, 짜증을 내면서 말하면 내 기분이 어떨까요? 또는 똑바로 설명해 주지 않는다며 투덜거리면 어떨까요? 내 기분은 매우 나쁠 거예요.

내가 잘 모르는 걸 친구가 설명해 주는 건 친구의 친절한 마음 덕분이에요. 누가 시켜서 한 게 아니라 나를 생각하는 마음으로 알려 주는 것이지요.

　　그런데 친구의 친절한 행동을 당연하게 생각하며 친구에게 이래라저래라 말하면 친구의 마음이 어떨까요? 다정했던 마음이 사라질지도 몰라요. 빨리 말해 보라며 명령하듯 얘기하는 것도 마찬가지랍니다.

　　만약 **친구의 설명이 충분하지 않았다면** "한 번만 더 설명해 줄래? 잘 모르겠어."라고 예쁜 말로 부탁하도록 해요.

초등샘Z의 고민 상담소

> 친구에게 알려 달라고 부탁했는데, 제대로 설명을 안 해 줘서 서운해요.

그럴 수 있지요. 잘하는 것과 그걸 잘 설명하는 것은 다르거든요. 친구도 설명을 잘 못할 수도 있으니 너무 서운해하지 않아도 괜찮아요. 궁금한 것, 설명이 필요한 것을 잘 기억해 놨다가 선생님이나 부모님 또는 다른 친구에게 물어보는 것도 좋겠습니다.

부탁하거나 해 달라고 말했을 때 항상 다 되는 건 아니라는 걸 기억하고 "그럴 수도 있지."라고 생각해 봐요.

차근차근 연습해 봐요!
과일 껍질 까기와 마개 따기

과일 껍질 까기

학교에서 점심을 먹을 때 급식으로 종종 과일 디저트가 나와요. 주로 사과, 바나나, 오렌지 등이 나오지요. 사과처럼 껍질째로 먹을 수 있는 과일은 그대로 먹으면 돼요. 하지만 바나나, 오렌지 같은 과일은 껍질을 손으로 잡고 입에 넣어 베어 먹거나 손으로 껍질을 까서 먹어야 해요. 그러니 집에서 과일 껍질을 스스로 까서 먹는 연습을 해 봐요.

그동안은 어른들이 껍질을 까서 먹을 수 있게 도와주었지요? 이제 우리는 초등학생이 되었으니 내 힘으로 한번 까 봐요. 껍질이 너무 안 까지면 선생님께 도움을 요청할 수 있어요. 하지만 과일 껍질을 스스로 까서 먹는 연습을 하는 것도 중요한 공부랍니다.

Tip!
엄마가 과일 껍질을 까 주려고 한다면 이렇게 말해 봐요.

마개 따기

여러분은 음료를 마시기 위해 혼자서 종이 팩이나 돌려 따는 뚜껑을 열어 본 적이 있나요? 학교에서는 급식으로 우유, 요거트, 주스 등이 자주 나와요. 이러한 디저트는 대부분 종이 팩이나 뚜껑을 돌려 따는 음료수 팩에 담겨 있지요. 따라서 혼자서 종이 팩이나 음료의 마개를 따는 연습을 해야 해요. 종이 팩은 입구를 양손으로 잡고 양옆으로 벌린 뒤 손으로 잡아당겨 여는 연습을 해요.

잘 열리지 않을 때는 선생님이나 주변 친구들의 도움을 받을 수 있어요. 하지만 처음부터 '나는 이런 거 못 열어'라고 생각하며 포기하지 말아요. 처음부터 잘 여는 사람은 없지만, 꾸준히 연습하면 누구나 잘 열 수 있답니다. 어른들이 알아서 뚜껑을 열어 주거나 마개를 따 주기 전에 "제가 먼저 한번 해 볼게요. 잘 안 되면 도와주세요."라고 말해 봐요. 생각만 해도 멋진 어린이네요!

Tip!
음료수 뚜껑이
안 따지면 이렇게
말해 봐요.

13

친구의 좋은 점을 칭찬할 때
"멋지다! 너 정말 최고야!"

내 친구는 뭐든 잘하는 것 같아요. 색종이도 잘 접고 그림도 잘 그리지요. 어려운 일이 생기면 나서서 척척 해결하기도 해요. 진짜 멋지고 대단한 내 친구를 칭찬하고 싶어요. 친구의 좋은 점을 칭찬하려면 어떻게 말하는 게 좋을까요?

초등샘Z의 다정한 대화법

친구를 칭찬할 수 있는 마음은 참 예쁜 마음이에요. 친구의 멋진 점, 훌륭한 점을 알아차리려면 먼저 친구를 관찰해야 하고, 친구의 좋은 면을 발견하기 위해 노력해야 하지요. 사람의 좋은 점을 보고 나도 좋은 사람이 되고 싶다든지, 또는 어떤 활동을 잘하는 것을 보며 나도 잘하고 싶다는 마음을 갖는다면 점점 더 좋은 사람이 될 수 있어요.

칭찬을 받으면 누구나 기분이 좋아요. 칭찬의 힘은 매우 강하지요. 하지만 **그 칭찬에는 항상 진심이 담겨야 해요.** 상황에 맞지 않게 아무 때나 칭찬하거나 두루뭉술하게 칭찬하면 안 돼요. 친구의 좋은 점을 하나하나 말하면서 칭찬한다면 친구도 정말 기분이 좋고 행복할 거예요.

이 말은 피하자!

    내가 열심히 춤 연습을 했는데 친구가 나의 노력을 알아주지 않고 무시하는 말을 하면 내 기분이 어떨까요? 또는 다른 친구와 비교하며 나의 부족함 점을 말하는 건요? 둘 다 기분이 나쁘지 않을까요?

누군가를 칭찬하는 말을 할 때는 진심을 담아야 해요. 다른 친구와 비교하거나 부러워하는 내 마음을 못나게 표현하는 말을 넣으면 안 돼요.

칭찬할 때는 친구의 멋지고 훌륭한 점을 보고 놀라고 감탄하는 마음만을 담았을 때 제일 아름답습니다. 친구를 칭찬할 때 질투하는 마음이나 비교하는 마음을 넣어 얘기하면 칭찬하는 의미가 없어져요. 친구도 그런 말을 들으면 칭찬받았다는 생각이 들지 않을 거예요. **칭찬은 꼭 칭찬하는 마음만 가득 담기! 잊지 말아요.**

초등샘Z의 고민 상담소

> 잘하는 친구를 보면 칭찬하고 싶은 마음보다 부럽고 질투가 나서 좋은 말이 안 나와요.

잘하는 친구를 보며 부러운 마음이 드는 건 당연해요. 하지만 친구를 질투하고 부러워하기만 하면 내 마음은 자라지 않아요. 누군가 여러분을 칭찬했을 때 여러분은 어떤 기분이었나요? 기쁘고 뿌듯하고 스스로 자랑스러웠지요? 더 잘하고 싶은 마음도 들었을 거예요. 다른 친구를 칭찬하는 말을 한다는 건 친구의 멋진 점을 알아보는 능력이 있다는 거예요. 그리고 친구에게 배우고 싶은 점이 있다는 사실을 알면 나도 더 잘하고 싶지요. **칭찬은 친구만 기분 좋게 하는 게 아니에요. 친구의 좋은 점을 알아보는 나도 훌륭하다는 걸 발견할 수 있는 멋진 일이랍니다.**

14

친구가 나쁜 말이나 행동을 할 때
"그러지 마!"

친구끼리는 서로 고운 말을 해야 하는데 친구가 자꾸 나쁜 말을 해요. 선생님이 복도에서 뛰면 다칠 수 있으니 뛰지 말라고 했는데 친구가 자꾸 뛰어요. 약속을 어기는 친구를 볼 때마다 마음이 불편해요. 이럴 때 뭐라고 말해야 할까요?

ㅋㅋ

야, 이것도 모르냐? 바보야!

뭐? 방금 나한테 바보라고 했어?

그랬다, 어쩔래?

그런 말은 하면 안 되는 말이야. 그리고 난 지금 그 말을 들어서 기분이 나빠.

앗, 정말 화났나 봐.

초등샘Z의 다정한 대화법

내가 들어서 기분 나쁜 말은 다른 사람에게도 하지 않기! 학교에 들어와서 여러 친구와 잘 지내려면 꼭 기억해야 하는 말이에요.

나는 친구들에게 예쁜 말을 쓰려고 노력하는데 나쁜 말인 걸 알면서도 재미로 함부로 말하는 친구를 보면 기분이 좋지 않지요. 그럴 때 울거나 화내기보다는 차분하게 그 친구가 한 말이 무엇인지 확인시킨 뒤 기분이 나쁘다는 표현을 꼭 해야 해요. 그리고 단호하게 잘못된 말과 행동을 멈출 것을 요구해야 합니다.

만약 울거나 기분 나빠 하기만 하면 친구는 자신의 잘못을 깨닫지 못하고 계속 잘못된 행동을 할 거예요. **좋은 친구라면 잘못하고 있는 친구에게 무엇을 잘못하고 있는지 알려 주고, 고칠 수 있게 도와줘야 해요.**

이 말은 피하자!

친구가 한 나쁜 말을 듣고 화가 나서 나도 그대로 똑같은 말을 친구에게 하면 어떻게 될까요? 나도 똑같은 잘못을 하게 되는 거예요. 이럴 땐 똑같이 잘못을 할 게 아니라, 친구가 자신의 잘못을 뉘우칠 수 있게 도와줘야 해요.

친구가 나쁜 말과 행동을 한다고 해서 나 또한 그런 말을 하면 내 기분도 점점 나빠지고, 친구들도 나와 같이 놀고 싶지 않을 거예요.

친구의 나쁜 말과 행동 때문에 속상해서 눈물이 날 때도 있지요? 엉엉 울면서 선생님에게 이른다고 말하면 그 친구가 앞으로 나를 더 놀리고 함부로 대할 수 있어요. 이른다는 말보다는 선생님에게 도와 달라고 말할 거라는 게 더 정확한 표현이에요. 이럴 땐 ==울지 않고, 용기를 가지고 할 말을 또박또박 할 수 있는 내가 되기 위해 노력해 봐요.==

초등샘Z의 고민 상담소

친구가 나를 때리고 나쁜 말을 하는데 나는 그냥 말로만 친구를 상대하려니 화가 나고 억울해요. 마치 친구한테 진 것 같고, 친구가 나를 더 우습게 볼 것 같아요.

친구가 날 때릴 때 나도 똑같이 친구를 때리고, 친구가 나에게 나쁜 말을 할 때 나도 같이 나쁜 말을 하면 상황이 어떻게 될까요? 그 친구의 잘못을 그대로 따라 하는 나쁜 사람이 돼요.

진짜 강한 사람은 같이 때리고 욕하는 사람이 아니라, 차분하게 그 친구에게 잘못된 점을 말하고 주변 어른에게 도와 달라고 말할 수 있는 사람이에요. 어린이는 스스로 해결할 수 없는 일은 어른들에게 도와 달라고 하면서 자라는 거예요. 속상한 마음은 잠시 눌러 두고 더 나은 방법을 배워 봐요.

차근차근 연습해 봐요!
바닥에 흘린 것과 콧물 닦기

바닥에 흘린 것 닦기

학교생활을 하다 보면 물을 마시다가 쏟거나 바닥에 무언가를 흘릴 때가 있어요. 이럴 때는 당황하지 말고 선생님께 가서 "○○을 흘렸는데 뭘로 닦아야 할까요?"라고 물어봐요. 흘린 게 무엇인지에 따라 휴지로 닦아야 할 때가 있고 걸레로 닦아야 할 때가 있거든요.

스스로 휴지로 닦아야 할 경우에는 적당한 양의 휴지로 흘린 것을 먼저 스며들게 해요. 그다음 잘 모아서 휴지통에 버리고, 휴지를 한 번 더 사용해서 물기 없이 싹싹 닦으면 백 점! 처음부터 막 문질러서 닦으면 더 지저분해질 수 있으니 퍼지지 않게 잘 닦는 연습을 집에서도 해 봅시다. 집에서도 내가 뭔가 흘렸을 때 무조건 어른들에게 치워 달라고 하지 말고 스스로 닦는 습관을 들인다면 1학년 생활을 정말 잘할 수 있겠지요?

Tip!
바닥이나 옷에 물을 흘렸다면 친구에게 이렇게 말해 봐요.

얘들아, 나 물 흘렸어. 누가 휴지 좀 가져다줘. 부탁해!

내가 금방 가져다줄게!

콧물 닦기

감기에 걸리거나 환경적인 이유 때문에 기침이나 콧물이 나올 때가 있어요. 기침을 할 때는 옷소매로 코와 입을 가리고 하는 게 예의예요.

어쩌다 "에취!" 하고 재채기를 했는데 콧물이 왕창 나와서 깜짝 놀랄 때가 있어요. 그럴 때는 당황하지 말고 손으로 콧물 나온 걸 가린 뒤 휴지로 얼른 닦아요. 문질러서 닦지 않고 휴지로 콧물을 감싸듯이 닦은 다음 휴지통에 잘 버리고 손을 씻고 와요. 코안에 콧물이 가득해서 코를 풀고 싶을 때도 휴지를 코에 대고 크게 "흥!" 소리를 내며 코를 풀어요.

처음부터 잘하진 못하더라도 이런 습관은 꾸준히 연습하면 잘하게 될 거예요. 혼자서 콧물을 처리할 수 있다면 학교생활을 훨씬 더 편안하게 할 수 있어요. 우리는 더 이상 유치원생이 아니므로 혼자 하는 연습을 꾸준히 해야 한답니다.

Tip!
갑자기 콧물이 나왔다면 선생님께 이렇게 말해 봐요.

선생님, 저 콧물이 나왔는데 닦고 나서 손 좀 씻고 와도 될까요?

15

다른 사람이 내 말을 오해할 때
"그런 뜻이 아니에요."

내가 잘못한 게 아닌데 혼날 때 정말 슬퍼요. 내 잘못이 아니라고 설명하고 싶은데 슬프고 화가 나서 눈물부터 나오고 무슨 말을 해야 할지 모르겠어요. 그래서 더 혼나고 억울한 마음이 들 때는 어떻게 말해야 할까요?

다솜아, 왜 쉬는 시간에 가지고 놀던 블록을 정리하지 않았니?

선생님이 꼭 정리해야 한다고 했잖아.

저거 제가 가지고 논 거 아니에요.

음? 네가 블록 가지고 가는 거 선생님이 봤는데?

아까 찬솔이가 가지고 논다고 해서 양보했어요.

아, 그랬구나.

초등샘Z의 다정한 대화법

우리가 살다 보면 내가 한 것이 아닌데 내가 했다고 오해받거나 야단을 맞을 때가 있어요. 그럴 때는 억울하고 화나고 슬픈 마음에 눈물부터 나오기도 하지요. 날 오해하거나 야단치는 어른들이 원망스럽기도 할 거예요.

그럴 때는 울거나 원망하는 대신에 **왜 그게 아닌지에 대해 차근차근 설명하는 습관을 들여야 해요.** 나의 생각과 행동과 말을 다른 사람에게 잘 설명한다는 건 정말 중요한 공부거든요.

속상하고 화나는 마음을 잠시 다독이고 내 마음을 이야기해 봐요. 차분한 말투로 솔직하게 이야기하는 건 언제나 통하는 좋은 방법이니까요.

> **이 말은 피하자!**

어른들이 내 말이나 행동을 오해하는 이유는 그 일이 왜 그렇게 되었는지 충분히 잘 알지 못했기 때문이에요. 누구나 자신이 알고 있는 것을 바탕으로 추측을 하면 오해할 수 있어요. 이때 **차근차근 설명하면 오해는 풀린답니다.**

그러나 아무런 설명 없이 울면서 소리치면 어떨까요? 또는 내 말을 안 믿는다며 화내면서 예의 없이 대들면 어떨까요? 어른들도 마음이 상해서 여러분의 마음을 더 이상 알아주기 어려울 수 있어요. 다른 사람이 나를 오해했을 때 순간적으로 내 마음에 나쁜 감정이 올라올 수 있어요. 그렇다고 해서 이런 감정을 **소리를 지르거나 화를 내면서 표현하는 건 잘못된 행동이에요.** 상황을 더 나쁘게 만들 수도 있지요.

잊지 말아요. '내가 잘 설명하면 오해는 풀릴 거야'라고 믿고 차근차근 설명하는 것이 중요하답니다.

초등샘Z의 고민 상담소

진짜 내가 그런 게 아닌데, 내 말을 잘 듣지도 않고 무조건 야단을 치는 어른들 때문에 너무 속상해요. 아무리 설명해도 오해가 안 풀리면 어떡하죠?

진짜 속상한 일이지만, 가끔 그런 일이 일어날 수도 있어요. 내가 진심을 다해 설명해도 오해가 풀리지 않을 때, 내가 한 게 아닌데 야단을 맞을 때, 여러분의 마음이 얼마나 아프고 슬플지 알고 있어요. 하지만 그런 억울함을 너무 오래 생각하면 하루하루가 즐겁지 않을 거예요.
여러분의 속상함을 이야기하고 위로받을 수 있는 친구나 가족들에게 마음을 털어놓고 상처받은 마음을 다독여 봐요. 가끔은 속상한 걸 잊어버리려고 노력하는 게 제일 좋은 방법일 때가 있으니까요.

16

힘들어서 해야 할 일을 다 할 수 없을 때
"너무 힘들어요."

국어 시간에 배운 여러 낱말을 열 칸 공책에 쓰는데, 글자가 너무 많아서 손이 아파요. 친구들은 척척 잘 쓰는데 나는 조금밖에 못 썼어요. 선생님은 빨리 내라고 하시는데 내 손은 느릿느릿. 노력은 하지만 너무 힘들 때 어떻게 말하면 좋을까요?

> 가온아, 10분밖에 안 남았는데, 아직 다 못 했니?

> 네, 선생님.

> 손이 아파서 빨리 못 쓰겠어요. 너무 힘들어요.

> 아직 글씨 쓰는 게 서툴러서 그래. 조금만 더 힘을 내서 써 보자.

> 진짜 손이 너무 아파서 힘들어요. 도와주세요.

> 손이 많이 아프구나. 그럼 나머지는 집에 가서 써 올래?

초등샘Z의 다정한 대화법

초등학생이 되면 처음 해 보는 공부가 많이 있어요. 그중에서도 열 칸 공책의 네모 칸 안에 반듯반듯 예쁘게 글씨를 쓰는 건 쉽지 않은 일이지요. 그것뿐인가요? 색칠을 하거나 종이를 접는 것도 너무 힘들어서 하기 싫은 마음이 들 때가 있고, 친구들만큼 척척 해낼 수가 없어서 속상하기도 해요.

열심히 했는데도 정해진 시간 안에 다 하지 못했거나 너무 힘들 땐 선생님께 너무 힘들다고 솔직하게 이야기해 봐요. **선생님은 여러분이 잘 배우고, 잘 자라는 것을 도와주시는 분이니 차근차근 내가 할 수 있는 만큼 공부할 수 있도록 방법을 알려 주실 거예요.** 힘들 때는 힘들다고 말하고 도와 달라고 하기, 꼭 기억해요!

이 말은 피하자!

나에게 과제가 주어졌을 때 힘들다고 포기하거나 울면서 짜증을 내거나 하기 싫다고 투덜거리면 무엇을 배울 수 있을까요? 아무것도 배울 수 없을 거예요.

내가 쉽게 할 수 있는 것만 하면, 배워야 할 것을 제대로 배울 수가 없어요. 내가 할 수 있는 것보다 조금 더 어려운 것을 자꾸 해 봐야 우리는 조금씩 자랄 수 있어요. 처음 할 때는 어려웠던 일도 꾸준히 하다 보면 쉬워질 수 있답니다.

힘들고 어려운 일을 하게 되었을 때 꾹 참고 해 보는 것도 아주 중요한 공부예요. 힘든 걸 이겨 내려고 애써 보는 것, 조금씩 노력해 보는 것, 모두 우리가 꼭 배워야 할 공부이지요. 포기하지 말고 꼭 도전해 봐요. 열심히 노력해서 주어진 과제를 모두 해냈을 때의 행복을 꼭 느껴 보길 바라요!

초등샘Z의 고민 상담소

> 친구들은 쉽게 하는 것 같은데, 저는 다 어렵고 힘들어서 못 하겠다는 생각이 자꾸 들어요.

여러분은 지금 막 자라고 있는 어린이예요. 사람마다 자라는 속도는 다 달라요. 어떤 친구는 글자도 척척 잘 쓰고, 줄넘기도 엄청 잘하지요. 하지만 처음부터 그렇게 잘했을까요? **처음에는 누구나 다 힘들고 어렵답니다. 하지만 힘든 걸 이겨 내고 조금씩 노력하면서 점점 잘하게 되는 거예요.** 지금은 힘들지만 포기하지 않고 열심히 하면 곧 아무렇지도 않게 척척 잘하게 될 거예요. 그날까지 기운을 내요!

차근차근 연습해 봐요!
용변 처리 - 작은 볼일

작은 볼일(소변)과 뒤처리

초등학교에 있는 변기는 유치원에 있는 변기보다 크기가 조금 더 크고, 화장실의 모양도 달라요. 입학하면 선생님께서 화장실 사용법을 친절하게 알려 주시니 크게 걱정할 필요는 없어요. 하지만 미리 연습하면 더 쉽게 사용할 수 있지요.

먼저 집 화장실에서 볼일을 본 뒤 스스로 뒤처리하는 법을 익혀요. 집에서의 뒤처리가 익숙해지면, 이번엔 집이 아닌 바깥 화장실에서도 연습해요. 다양한 화장실 환경에서 스스로 뒤처리하는 법을 연습하면 학교에서도 금방 잘할 수 있어요.

학교에 가면 화장실은 쉬는 시간에 미리 다녀와요. 만약 수업 시간에 용변이 너무 급하다면 절대로 참지 말고, 선생님께 꼭 이야기한 뒤 화장실에 다녀와요.

Tip!
화장실이 급할 땐 선생님께 이렇게 말해 봐요.

선생님 저 화장실 좀 다녀올게요! 너무 급해요!

• **여자아이의 경우**

변기에 앉기 전에 앉는 부분에 뭐가 묻어 있지 않은지 살펴봐요. 물기가 있다면 화장지로 닦아 내고 앉아요.

바지나 타이즈를 내릴 때는 무릎 위까지만 내린 뒤 변기에 앉아요. 볼일을 다 본 뒤에는 소변이 나온 부분을 화장지로 톡톡 눌

러 닦고 일어나 옷을 잘 챙겨 입어요. 단추가 잘 채워졌는지, 지퍼가 잘 올라갔는지 확인하고, 치맛자락이 타이즈 안에 딸려 들어간 건 아닌지도 꼭 확인해요.

변기 뚜껑을 덮고 물 내리는 단추나 손잡이를 꾹 누르고 마음속으로 '하나, 둘, 셋!' 하고 숫자를 세요. 뚜껑을 열고 물이 잘 내려갔는지 확인한 뒤 문을 열고 나와 손을 깨끗하게 씻고 교실로 돌아가요.

- **남자아이의 경우**

소변기 앞에 서서 바지가 바닥에 떨어지지 않도록 다리를 살짝 벌린 뒤 바지를 내려요. 바지를 너무 많이 내려서 발목까지 내려와 엉덩이가 보이지 않도록 조금만 내리는 연습을 해요.

볼일을 볼 때는 오줌이 소변기 밖으로 흐르지 않게 잘 눠야 해요. 이게 어렵다면, 소변기 중앙에 동그라미가 있다고 상상하고 거기에 오줌을 맞춘다는 느낌으로 눠 봅시다.

급하다고 해서 바닥에 누면 절대 안 돼요! 화장실 바닥이 더러워지고 냄새가 나서 다른 친구들이 불편해할 수 있어요. 볼일을 마치고 바지를 올린 뒤, 단추나 지퍼가 잘 잠겼는지 확인해요. 저절로 물이 내려오는 소변기도 있지만, 단추를 눌러야 하는 것도 있으니 물이 내려오는 걸 꼭 확인해요. 그다음 손을 잘 씻고 교실로 돌아가요.

17

내 잘못으로 선생님께 꾸지람을 들을 때
"잘못했어요."

선생님께서 교실에서 뛰지 말라고 했는데 깜빡 잊고 뛰다가 휴지통을 엎었어요. 선생님께서 이리 오라고 부르시더니 꾸지람을 하셨어요. 놀라기도 하고 무섭기도 해서 아무 말도 못했더니 선생님께서 더 화가 나신 것 같아요. 어떻게 말할까요?

헉!

우르르

찬솔아! 교실에서 뛰지 말라고 했지? 그렇게 뛰다가 다치면 어쩌려고 그러니?

잘못했어요. 깜빡하고 뛰었어요.

다신 안 뛸게요. 죄송해요.

네, 선생님!

우리 찬솔이가 자기 잘못을 잘 알고 있고, 다신 안 그러겠다고 말하니 정말 기특하네. 다음부터는 조심하렴!

초등샘Z의 다정한 대화법

"잘못했어요."라고 말하는 게 쉽지 않지요? 잘못은 했지만, 그 잘못을 인정하고 말로 표현한다는 건 참 용기 있는 행동이에요.

선생님이 비밀 하나 알려 줄까요? ==학교에서 내가 잘못했을 때 그걸 인정하고 선생님에게 잘못했다고 말하면, 선생님의 화난 마음이 사르르 풀린답니다.== 선생님이 여러분에게 꾸지람을 하는 것은 여러분이 미워서가 아니라 여러분이 그 잘못을 또 하지 않도록 가르쳐 주기 위해서예요. 그럴 때 먼저 "제가 이런 잘못을 했어요."라고 솔직하게 말하고 죄송한 마음을 표현하면 선생님도 화나고 속상한 마음이 금방 가라앉는답니다.

누구나 한두 번은 실수할 수 있어요. 하지만 그 실수가 반복되지 않도록 주의해야 한다는 점도 잊지 말아요!

이 말은 피하자!

잘못을 하면 누구나 마음속에 두려움이 생겨요. 만약 혼나고 싶지 않고 꾸지람을 듣고 싶지 않은 마음에 내가 한 게 아니라고 **거짓말을 하면 선생님은 여러분에게 더 실망할 거예요.**

또 나의 잘못을 고쳐 주려고 불러서 이야기를 하는 선생님에게 내 잘못을 인정하기보다는 '다른 친구도 그랬는데 왜 나만 혼내냐'는 말을 하면 선생님은 더 속상하시겠지요.

잘못했다는 말을 할 때는 머뭇거리지 말아요. 거짓말이나 변명은 하지 말고, 다른 사람의 잘못도 앞세우지 말고, 자신의 잘못을 솔직하게 인정하고 잘못했다고 말해야 해요. 그러면 선생님께서도 "다음부터는 조심하자.", "다음부터는 그러지 말렴." 타이르시고 잘 마무리될 거예요.

초등샘Z의 고민 상담소

선생님이 진짜 화난 것 같아서 무서워요.
잘못했다는 말을 해야 한다는 걸 알지만
용기가 안 나는데 어떡해요?

잘못했다는 말을 하는 데 용기가 필요한 건 당연한 거예요. 화난 선생님이 무서워서 아무 말도 안 나올 수도 있지요. 하지만 잊지 말아요. **선생님이 화가 난 건 여러분이 미워서가 아니에요. 열심히 여러분에게 무엇이 잘못된 행동인지, 왜 그렇게 하면 안 되는지 가르쳤는데 그걸 어긴 것에 대해 속상해하시는 거예요.** 이럴 때 내가 뭘 잘못했는지 알고 있고, 앞으로 그러지 않겠다고 말한다면 선생님도 여러분의 마음을 알아주실 거예요.
무서워하기보다는 내 잘못을 인정하고 속상한 선생님의 마음을 풀어 드리는 마법의 말 "잘못했어요!"를 떠올리며 용기를 내 봐요.

18

허락을 구할 때
"해도 될까?", "해도 될까요?"

풀칠을 해야 하는데 풀을 다 써서 친구에게 빌려야 해요. 아무 말 없이 가져다 쓰면 친구가 싫어할 거예요. 점심을 다 먹고 운동장에 나가 놀고 싶은데 선생님께서 안 될지도 모른다고 말씀하시네요. 이럴 때는 어떻게 말해야 할까요?

친구에게

- 나 풀을 다 썼는데, 네 풀 좀 빌려도 될까?
- 어, 근데 내 풀도 조금 남았어.
- 그럼 한 번만 쓸게.
- 응, 여기.

선생님께

- 점심 먹고 운동장에서 놀아도 돼요?
- 다른 학년 체육 수업 있을 텐데?
- 그럼 철봉 주변에서만 놀면 안 될까요?
- 그래, 다치지 않게 조심해서 놀고 와.

초등샘Z의 다정한 대화법

말하거나 행동할 때 다른 사람에게 묻고 허락을 구하는 것은 정말 중요한 일이에요. <mark>이 세상은 혼자서 살 수 있는 세상이 아니지요. 그래서 아주 사소한 일이라도 함께 어울려 살아가는 사람들의 마음을 잘 살펴봐야 해요.</mark>

친한 친구라고 해도, 날 정말 예뻐해 주시는 선생님이라고 해도, 내 마음대로 말하고 행동하면 소중한 사람들의 마음을 상하게 할 수 있어요. 그래서 우리는 "~해도 될까?", "~해도 될까요?"라고 물어보고 허락을 받아야 해요. 그래야 서로 더 믿고 친해지며 마음을 나눌 수 있어요. 별거 아닌 작은 일에도 항상 다른 사람의 마음을 먼저 생각하는 멋진 태도를 길러야겠습니다.

이 말은 피하자!

친구가 내 물건을 쓰면서 당연하다는 듯이 가져가는 바람에 속상했던 적 없나요? 나도 사용해야 하는데 말이죠. 또는 집에서 하는 것처럼 편하게 마음대로 행동하다가 선생님에게 꾸지람을 들은 적이 있나요?

여러 명이 함께 생활하는 교실에서 내 마음대로 행동하고 다른 사람을 배려하지 않는 말을 한다면 친구들과의 사이도 서먹해지고 선생님께서도 속상하실 거예요.

친구에게 또는 선생님께 허락을 구하는 말을 할 때는 반드시 상대방의 대답을 들은 뒤에 행동해야 해요. 상대방이 허락할 수 없는 상황일 수도, 허락하기 싫을 수도 있겠지요. 허락하는 대답을 듣지 않고 자기 마음대로 행동하는 건 잘못된 거예요. **항상 예의 바르게 말하고 주변 사람의 마음을 잘 살펴보는 여러분이 되었으면 좋겠습니다.**

초등샘Z의 고민 상담소

친한 친구끼리도 꼭 허락을 받아야 하나요? 친구랑 저는 엄청 친해서 서로 자기 물건을 막 써도 기분 안 나빠 할 것 같아요.

그런 친한 친구가 있다니 정말 멋진 일이네요! 하지만 "~해도 될까?"라고 친구에게 허락을 구하는 건 우리가 자라면서 꼭 배워야 하는 말 습관이에요. 평소에 아무리 친한 친구라 하더라도 자연스럽게 허락을 구하는 말을 **습관처럼 계속해야 나중에 다른 사람에게도 자연스럽게 그런 말이 나온답니다.**

머리로 아는 것과 실제로 내가 할 수 있는 것은 차이가 있어요. 평소에도 항상 다른 사람을 배려하는 말을 하는 게 정말 중요하기 때문이랍니다.

차근차근 연습해 봐요!
용변 처리 - 큰 볼일

큰 볼일(대변)과 뒤처리

대변이 마려울 때는 빨리 화장실로 가서 화장실 칸에 화장지가 있는지 확인해요. (큰 볼일을 보았는데 휴지가 없다면? 뒤처리를 못 해 매우 곤란해질 거예요.) 그다음 변기 앉는 자리에 뭐가 묻어 있는지 확인하고, 깨끗하지 않다면 화장지로 닦고 앉아요.

볼일을 본 뒤에는 화장지를 알맞은 크기로 접어 꼼꼼하게 닦아요. 닦을 때는 앞에서 뒤로, 엉덩이 쪽으로 닦아야 해요. 화장지에 대소변이 묻어 나오지 않을 때까지 닦아요.

혹시라도 휴지가 모자라면 일단 옷을 입고 나와 휴지를 더 가지고 온 다음 화장실 칸에 들어가 다시 닦아요. 처음부터 화장지를 충분히 준비해 가거나 두 번 쓸 양으로 휴지를 나누어서 들고 가는 것도 좋아요.

큰 볼일을 본 뒤 뒤처리하는 법

① ② ③ ④

화장지를 버리는 규칙은 화장실마다 달라요. 어떤 곳은 휴지통에, 어떤 곳은 변기에 버려야 해요. 각 화장실에 맞는 규칙에 따라 화장지를 버려요. 그다음 변기 뚜껑을 닫고 물 내리는 단추나 손잡이를 꾹 누른 상태에서 마음속으로 '하나, 둘, 셋!' 숫자를 세요. 뚜껑을 열어 대소변이 다 내려갔는지 확인한 뒤 밖으로 나와 손을 씻고 교실로 가요.

• 보호자분들께 드리는 당부의 말씀

유치원과는 달리, 학교에서는 용변 보는 일을 선생님이 가까이에서 일일이 도와주기가 어렵습니다. 학생 수가 많기도 하고 화장실과 교실의 거리가 멀기 때문입니다. 따라서 입학 전에 용변 처리를 최대한 혼자 힘으로 실수 없이 할 수 있도록 차근차근 연습시켜 주세요. 그러면 아이가 훨씬 편안한 마음으로 학교생활을 할 수 있습니다.

물론 실수하거나 도움이 필요할 때는 선생님이 언제든지 도와줄 수 있다는 사실도 알려 주세요. 학교에서도 차근차근 배울 수 있습니다.

19

숙제나 준비물을 못 챙겼을 때
"깜빡했어요.", "못 했어요."

오늘은 그림일기장을 선생님께 내는 날이에요. 그런데 깜빡하고 안 가져왔어요. 수학 숙제도 못 했어요. 자꾸 잊어버려서 못 하고, 가져와야 할 준비물도 못 챙기다 보니 부끄러웠어요. 이럴 때는 선생님께 뭐라고 말해야 할까요?

> 마루야, 오늘 그림일기장 왜 안 냈니?

> 깜빡했어요. 죄송해요.

> 수요일마다 내는 건데 왜 기억을 못 했을까?

> 오늘이 수요일인 줄 모르고……. 내일 가지고 와도 될까요?

> 그래. 내일은 꼭 가지고 오렴!

초등샘Z의 다정한 대화법

초등학교 1학년은 매일 신나는 일이 정말 많을 때예요. 그러다 보면 준비물이나 해야 할 일을 깜빡깜빡 잊을 때도 있지요. 사람은 누구나 실수를 하니 너무 속상해하지 않아도 돼요. 다만 실수가 계속되면 그건 고치려는 노력이 필요하답니다.

일부러 그런 건 아니지만 어쨌든 내가 챙겨야 하는 걸 못 챙기고 해야 할 일을 못 했다면 **솔직하게 실수를 인정하고 사과한 뒤 그 실수를 해결하는 방법을 스스로 생각해 보는 게 중요해요.** 내 실수는 누가 대신 해결해 줄 수 있는 게 아니니까요.

혼자 해결 방법을 생각해 보려 노력할 때 여러분의 마음이 쑥쑥 자란다는 걸 기억해요.

이 말은 피하자!

내야 할 과제나 준비물을 깜빡했을 때 여러분의 마음은 당황스럽고 속상할 거예요. 그럴 때 아무 말도 하지 않고 입을 꾹 다물고 가만히 있으면 어떻게 될까요? 또는 울기만 하고 있으면 어떻게 될까요?

그걸 지켜보는 선생님의 마음도 답답할 거예요. 또한 실수를 해결할 방법을 서로 의논할 수 없어요.

문제가 생겼을 때 그걸 해결하기 위해 여러 가지 생각을 하고 이야기를 나누는 것도 1학년에서 배워야 할 아주 중요한 공부예요. 무조건 울거나 말을 안 하면 아무것도 달라지지 않는답니다. "깜빡했어요.", "못 했어요.", "못 가져왔어요."라고 인정하고 "내일 가져와도 될까요?", "친구에게 빌려도 될까요?"라고 말할 수 있다면 참 좋겠지요?

초등샘Z의 고민 상담소

선생님께서 자주 하시는 말씀을 저도 잘 기억하고 싶은데, 진짜 깜빡깜빡해서 같은 실수를 계속해요. 선생님이 저에게 실망하면 어쩌지요?

그럴 수 있어요. 자꾸 잊어버리고 깜빡깜빡하는 것이 계속되면 스스로 속상하고 기운이 빠지지요. 그럴 때는 주변에 도와 달라고 말해요. 여러분은 아직 1학년이고 많은 것을 배워 가는 나이예요. 그러려면 서로 도움을 주고받는 것이 중요하지요. 준비물이나 내야 할 과제가 있다면 종이에 적어서 책상 앞이나 냉장고에 붙여 놓아요. 또는 부모님이나 친구에게 다시 한 번 나에게 말해 달라고 부탁해요. 선생님에게 "자꾸 깜빡하는데 좋은 방법이 없을까요?"라고도 물어봐요. **주변의 도움으로 우리는 실수를 조금씩 줄이는 방법을 배울 수 있어요. 그렇게 우리는 자란답니다.**

20

학교에서 일어났던 일을 집에 가서 얘기할 때
"이런 일이 있었어요."

엄마에게 오늘 학교에서 친구들과 놀았던 이야기를 재미있게 하고 있었어요. 그런데 갑자기 엄마가 걱정을 하시는 거예요. 나는 즐겁게 놀았는데 엄마는 친구들이 나를 괴롭힌다고 생각하셨나 봐요. 왜 그렇게 자세히 물어보시는 걸까요?

> 엄마! 오늘 학교에서 친구들이 막 저만 쫓아다녔어요.

> 엄청 빨리 뛰어서 안 잡혔어요! 저 진짜 빠르죠?

> 왜 너만 쫓아다녀? 설마 친구들이 괴롭히니?

> 아니요. 그냥 잡기 놀이 한 거예요.

> 그런데 왜 골고루 안 잡고 너만 쫓아?

> 제가 제일 빨리 뛰니까 술래가 저를 제일 먼저 잡고 싶었대요.

> 아~!

초등샘Z의 다정한 대화법

부모님이나 할아버지, 할머니 또는 여러분을 보호해 주는 여러 어른들은 여러분이 학교에 들어가서 재미있게 잘 지내는지 무척 궁금해해요. 힘들어하지는 않는지, 친구들과 사이좋게 노는지, 공부는 열심히 하는지, 혹시 누가 괴롭히지는 않는지 걱정도 하시지요. 그래서 "오늘 학교 어땠어?"라고 물어보시기도 하고요.

그럴 때마다 여러분이 할 수 있는 만큼 자세하게 이야기해 보는 게 어떨까요? **하루 동안 있었던 일을 누군가에게 잘 설명하는 것도 정말 중요한 공부거든요.** 그리고 여러분을 사랑하고 아끼는 어른들이 걱정하지 않도록, 있었던 일 그대로 설명하고 그때 기분이 어땠는지도 함께 이야기하면 참 좋겠습니다.

이 말은 피하자!

 학교에서는 참 많은 일이 일어나요. 친구들이랑 재미있게 놀 때도 있지만 다툴 때도 있고, 선생님께 칭찬을 받을 때도 있지만 잔소리를 듣거나 야단을 맞을 때도 있어요. 기분이 좋을 때도 있고 나쁠 때도 있지요. 또 신나거나 짜증이 날 때도 있어요.

혹시 **학교에서 속상한 일이 생긴다면 꼭 선생님에게 도와 달라고 말하는 게 좋아요. 선생님은 여러분의 이야기를 듣고 잘 해결해 주실 거니까요.**

확실하지 않은 이야기를 '그냥 그럴 것이다'라고 자기 마음대로 생각해서 이야기하면 여러 오해가 생길 수 있어요. 또는 귀찮은 말투로 대충 말하면 상대방이 기분 나쁠 수도 있어요. 그러니 가온이처럼 부모님께서 걱정하는 상황이 생겼을 경우에는 하루 동안 있었던 일을 곰곰이 생각해 봐요. 그런 다음 특별히 속상한 일이 없었다면 괜찮았다고 말하면 된답니다.

초등샘Z의 고민 상담소

> 학교에서 뭘 하고 놀았는지, 무슨 일이 있었는지 잘 기억이 안 나는데, 자꾸 학교 어땠냐고 묻는 말에 뭐라고 대답해야 할지 모르겠어요.

오늘 학교생활은 재미있었나요? 열심히 공부하고, 재미있게 놀고, 학교에 있었던 모든 순간을 의미 있게 보냈다면 그것만으로도 훌륭해요. 생각이 안 날 수도 있어요. 특별히 생각나는 게 없다는 건 아주 평화롭게 하루가 지나갔다는 뜻이기도 해요. 그래도 자꾸 오늘 학교 어땠냐고 누군가 물어본다면 여러분의 기분을 이야기해 봐요. "자세히 기억은 안 나지만 재미있었어요!"라고요.

차근차근 연습해 봐요!
정리 정돈 하기

스스로 정리하기

　유치원 때 놀잇감을 가지고 놀다가 제자리에 잘 정리하는 방법을 배웠지요? 이는 스스로 물건을 잘 정리하기 위한 첫 번째 연습이었을 거예요.

　초등학교 1학년 교실에도 놀잇감이 있어요. 쉬는 시간마다 가지고 놀다가 수업이 시작되기 전에 제자리에 가지런히 정리해야 하지요. 친구들과 함께 사용하는 물건을 정리하는 것은 매우 중요한 일이에요. 그러려면 내 물건부터 잘 정리하는 습관이 몸에 배어 있어야 한답니다.

　교실에는 내가 사용하는 책상이 있고 그 책상에는 물건을 넣어 두는 서랍이 있어요. 그리고 내 물건을 따로 넣을 수 있는 사물함도 있지요. 정리 정돈을 하는 연습을 해 놓지 않으면 내 서랍이나 사물함이 엉망진창이 되어 버려요.

　학교에 가면 선생님께서 정리를 잘하는 방법을 가르쳐 주시고, 스스로 내 물건을 정리하는 시간도 많이 있어요. 선생님께서 가르쳐 주시는 대로 내 책상 서랍이나 사물함을 가지런히 정리하려면 평소에 집에서도 내 물건을 잘 정리해야 해요.

　색연필이나 사인펜을 사용하고 난 다음 가지런히 맞춰서 케이스 안에 잘 넣고, 사용한 가위와 풀도 제자리에 놓고, 버려야 할 쓰레기도 휴지통에 넣는 등 모든 물건을 제자리에 두는 연습을 해 봐요. 그러려면 평소에 내 방 정리 정돈을 스스로 하는 연습을 많이 해 봐야겠지요?

　이런 연습을 지금부터 꾸준히 한다면 초등학교 1학년뿐만 아니라 어른이 되어서도 정말 훌륭한 사람이 될 수 있어요.

Tip!
친구가 같이 쓰는 물건을
엉망으로 두었다면
이렇게 말해 봐요.

다투지 않고 좋은 친구 만드는
다정한 대화법

2024년 02월 15일 초판 01쇄 발행
2025년 11월 01일 초판 06쇄 발행

글 초등샘Z 그림 근홍

발행인 이규상
편집인 임현숙 **편집장** 김은영
콘텐츠사업팀 강정민 정윤정 오희라 윤선애 오온서
디자인팀 최희민 두형주
채널 및 제작 관리 이순복 **회계팀** 김하나

펴낸곳 ㈜백도씨
출판등록 제2012-000170호(2007년 6월 22일)
주소 03044 서울시 종로구 효자로7길 23, 3층(통의동 7-33)
전화 02 3443 0311(편집) 02 3012 0117(마케팅) **팩스** 02 3012 3010
이메일 book@100doci.com(편집·원고 투고) valva@100doci.com(유통·사업 제휴)
블로그 blog.naver.com/100doci_ **인스타그램** @growingi_book
ISBN 978-89-6833-464-1 73190
ⓒ 초등샘Z, 2024, Printed in Korea

물주는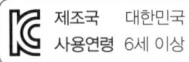는 ㈜백도씨의 출판 브랜드입니다.
이 책은 저작권법에 따라 보호받는 저작물이므로 무단 전재와 복제를 금지하며,
이 책 내용의 전부 또는 일부를 이용하려면 반드시 저작권자와 ㈜백도씨의 서면 동의를 받아야 합니다.

* 잘못된 책은 구입하신 곳에서 바꿔드립니다.

제조국 대한민국
사용연령 6세 이상